I0076421

*Juri Rudi*

# LE TECNICHE ARGOMENTATIVE

# DELL'AVVOCATO

TERZA EDIZIONE riveduta e corretta

*Nota di copyright*
Tutti i diritti riservati.
© 2010-2012 by Lulu.com
*Versione 3.0 del 2 gennaio 2012*
Stampato e distribuito da:
**Lulu Entrerprises, Inc.**
3131 RDU Center Dr. Ste. 210
Morrisville, NC 27560
USA
*www.lulu.com*
*www.lulu.com/it*


**ISBN** 978-1-4709-7323-0

# INDICE

## CAPITOLO IV - Argomentazione e confutazione

## CAPITOLO V - Le fallacie argomentative

5

*Un novizio chiese al priore:*
*"Padre, posso fumare mentre prego?"*
*E venne severamente redarguito.*

*Un secondo novizio chiese allo stesso priore:*
*"Padre, posso pregare mentre fumo?".*
*E fu lodato per la sua devozione.*

---

Tale aneddoto si trova citato in:
- Beltrani M., *Gli strumenti della persuasione. La saggezza retorica e l'educazione alla democrazia*, pag. 201;
- Ferrari G.A. - Manzin M., *La retorica fra scienza e professione legale. Questioni di metodo*, pagg. 326 7;
- Mariani Marini A. - Paganelli M., *L'avvocato e il processo. Le tecniche della difesa*, pag. 56;
- Motterlini M., *Trappole mentali. Come difendersi dalle proprie illusioni e dagli inganni altrui*, pagg. 55-6;
- Rampin M., *Al gusto di cioccolato. Come smascherare i trucchi della manipolazione linguistica*, pag. 9.

# CAPITOLO I

# LE ORIGINI

*O voi ch'avete li 'ntelletti sani,*
*mirate la dottrina che s'asconde*
*sotto 'l velame de li versi strani.*
(Dante, *Inferno*)

## § 1. Introduzione.

Non molti anni fa, probabilmente per eccessivo zelo, un avvocato depositò presso la Cancelleria della Corte di Cassazione una fotocopia in più del proprio ricorso, alla quale fu erroneamente attribuito un distinto numero di protocollo che diede luogo ad un autonomo procedimento. Conseguentemente, su quei due ricorsi fotocopia la Suprema Corte decise due volte, accogliendo l'uno e rigettando l'altro, come poi riassunto dalle Sezioni Unite, n. 10867 del 30 aprile 2008, chiamate a pronunciarsi sulla successiva richiesta di revocazione per contrasto di giudicati *ex* art. 395 cpc.

Questa singolare esperienza insegna che identiche argomentazioni difensive possono condurre a risultati diametralmente opposti, addirittura davanti allo stesso Giudice.

Con questa doverosa avvertenza, nelle pagine che seguono cercheremo di individuare le regole che presiedono al buon argomentare, lasciandoci a tal fine guidare dalla speranza che, se i ragionamenti non sono tutti efficaci allo stesso modo, ma invece alcuni sono migliori di altri, allora esiste un ragionamento "ideale", cui è quindi opportuno tendere, con ottimismo e metodo. Il nostro dichiarato intento è insomma quello di coltivare, oltre la naturale attitudine (e l'indotta propensione) di ciascun avvocato all'oratoria, quegli strumenti indispensabili al contraddittorio dialettico, che è caratterizzato da una argomentazione e da una confutazione o replica.

Ed è proprio di tale tecnica, persuasiva e dissuasiva insieme, che si occuperà la presente opera.

## § 2. La sofistica.

Come può facilmente intuirsi, il tema della nostra indagine ha radici lontane, addirittura risalenti al V secolo a.c., allorquando ad Atene nasceva la cosiddetta sofistica (dal greco *sophia*, sapienza), ossia quella corrente filosofica essenzialmente *relativista*, secondo cui non esisterebbe un'unica verità oggettiva ma piuttosto infinite soggettive, e cioè una per ogni singolo individuo: l'opinione particolare di ciascuno, insomma, sarebbe l'unica (ma nel contempo oggettivamente molteplice) "misura di *ogni* cosa", e quindi anche della verità, giacché tutto -*in thesi*- sarebbe come appare a ognuno (*homo mensura*).

I protagonisti di tale scuola di pensiero, ossia Protagora, Gorgia, Ippia, Lisia, Prodico, Crizia ed altri sofisti minori, insegnavano a pagamento la retorica.

## § 3. La retorica.

La retorica (dal greco *rhetoriké téchne*, arte del dire) è l'*abilità nel discutere*, ossia la capacità e la tecnica di padroneggiare le parole organizzando il discorso secondo un progetto, un criterio, per cui ad una data premessa segua una certa conclusione. Quest'ultima, in particolare, può aver lo scopo di "convincere" l'uditorio, cioè fargli *comprendere* qualcosa, oppure di "persuaderlo", ossia indurlo a *credere* qualcosa di diverso (cioè che prima non credeva) o anche di uguale (cioè di continuare a credere -ma magari in modo rafforzato- ciò che già credeva).

L'insegnamento della retorica da parte dei sofisti può farsi risalire con buona approssimazione alla Siracusa del 465 a.C., allorquando cioè, dopo il rovesciamento della dittatura di Trasibulo, i cittadini tornarono in patria dall'esilio cui erano stati costretti e cercarono di rientrare in possesso dei beni confiscati loro dai tiranni a beneficio dei soldati mercenari. Tali rivendicazioni avvenivano davanti ad apposite giurie popolari, che quegli ex esuli cercavano di persuadere argomentando il proprio buon diritto di proprietà, ricorrendo all'ausilio di alcuni prontuari giuridici contenenti le arringhe all'uopo predisposte dai retori Corace e Tisia, quali avvocati *ante litteram*.

Nel corso dei secoli seguenti, il successo della retorica fu tale che venne fatta oggetto di insegnamento scolastico (in Italia, fino alla c.d. "Riforma Gentile" del 1922) nonché universitario, oltre a trovare felice applicazione anche in ambiti diversi dall'insegnamento in senso stretto, come ad esempio nella musica, ove geni come Bach e

Beethoven adottarono nei propri componimenti vere e proprie "figure" (quali l'anafora, il climax, l'ellissi, ecc.) al fine di meglio coinvolgere emotivamente l'ascoltatore, spesse volte fino a commuoverlo o comunque a suscitargli passioni come gioia, angoscia, ecc. (c.d. "retorica musicale").

Sebbene finalizzata alla persuasione, la retorica è tuttavia relativamente indifferente agli scopi particolari della persuasione stessa, a seconda dei quali essa assume, come stiamo per vedere, gli specifici connotati dell'eristica e della dialettica.

## § 4. L'eristica.

L'eristica (dal greco *erìzein*, ossia battagliare, in questo caso a parole) è l'abilità retorica che ha come specifico scopo quello di persuadere per vincere a tutti i costi nelle discussioni, confutando le affermazioni avversarie con ogni mezzo, cioè senza aver riguardo alla loro intrinseca verità o falsità. Secondo gli eristi, infatti, su qualsiasi argomento sarebbe possibile sostenere (almeno) due contrapposte tesi, che i greci definivano appunto *dissòi lógoi*, ossia "ragionamenti duplici". Per dare prova di ciò, i sofisti amavano esibirsi, non solo a fini didattici, nelle cc.dd. antilogie, cioè pronunciando in immediata successione due opposti discorsi, uno a difesa e l'altro di accusa relativamente alla medesima questione (spesso persuadendo entrambe le volte il proprio frastornato uditorio).

Se così è, natura eristica deve allora attribuirsi all'attività difensiva dell'avvocato, il cui scopo retorico particolare, infatti, non è ricercare la verità storica di un certo accadimento bensì sostenere e difendere, comunque, la tesi del proprio cliente, seppur con l'obbligo deontologico di non introdurre intenzionalmente nel processo prove false (art. 14 cod.deont.) e nel (mero) rispetto dell'art. 88 cpc, il cui generico dovere di lealtà e probità fu infatti sostituito, nella formulazione definitiva del codice, all'obbligo di dire la verità (del tutto confliggente col dovere dell'avvocato di rispettare il segreto) che il progetto Solmi aveva sancito per parti e difensori con la previsione di una sanzione pecuniaria in caso di inosservanza. Ciò è tanto più vero ove si consideri che è addirittura fatto espresso divieto all'avvocato di impegnare la propria parola circa la verità dei fatti *sub judice* (art. 58 codice deontologico).

## § 5. La dialettica.

Il termine dialettica (dal greco *dialegein*, dialogo) è stato usato per la prima volta da Platone con il significato di "uso corretto della ragione", ed indica l'abilità retorica che ha come specifico scopo quello di persuadere per ricercare la *verità* attraverso l'interazione di contrapposte tesi. Essa si sviluppa, in particolare, secondo un procedimento (che non deve *necessariamente* avvenire tra due distinti soggetti) caratterizzato dalla c.d. triade dialettica, ossia la tesi, l'antitesi e la sintesi: alla prima si oppone la seconda, che cerca di metterne in evidenza i punti deboli; il risultato di tale confronto conduce alla sintesi, che tendenzialmente va al di là sia della tesi che dell'antitesi, nella misura in cui riconosce il peculiare valore di entrambe, cercando di conservarne i vantaggi pur evidenziandone (ed evitandone) i limiti. La sintesi così raggiunta può costituire a sua volta il primo passo per una nuova triade dialettica (tesi).

Se così è, natura dialettica deve allora riconoscersi al processo giudiziario, perché tendenzialmente rivolto all'accertamento della verità storica attraverso il contraddittorio di una tesi e di un'antitesi. Autorevole ed espressa conferma di ciò si può ad esempio trovare nelle pronunce di Corte Cost. n. 258/1991 e n. 255/1992 nonché di Corte Europea n. 2561/2002 (Craxi/Italia), secondo cui fine primario ed ineludibile del processo è la "ricerca della verità", da cui evidentemente si ritiene sgorghi la giustizia, sebbene da intendersi in senso solo processuale.

## § 6. L'oratoria o eloquenza.

Retorica, dialettica ed eristica, così come "teorizzate" dalla filosofia ed in particolare dalla sofistica, si esprimono tutte attraverso l'oratoria (o eloquenza), scritta o orale, che ne costituisce appunto la manifestazione esteriore e concreta, ossia "pratica".

# CAPITOLO II

## IL RAGIONAMENTO RAZIONALE E RETORICO

*La perfezione e l'imperfezione sono soltanto modi del pensare.*

(Spinoza)

### § 1. Introduzione.

Nel capitolo precedente abbiamo sommariamente tracciato quell'ideale percorso che dalla *filosofia* conduce alla *sofistica* (quale specifica branca filosofica), quindi alla *retorica* (quale particolare didattica sofistica), indi alla *dialettica* e all'*eristica* (quali ulteriori finalità retoriche), ed infine all'*oratoria* o eloquenza (quale applicazione ed espressione pratica delle teorie retorica, dialettica ed eristica).

Ebbene, l'evidente *filo rosso* che congiunge le tappe di questo percorso è il **ragionamento**, nella sua duplice accezione di a) <u>processo mentale</u> o pensiero, attraverso cui si perviene ad una certa conclusione o decisione, e di b) <u>discorso</u>, scritto o parlato, con cui si esplicitano le ragioni a sostegno della predetta inferenza mentale conclusiva.

In entrambi gli accennati suoi significati

semantici, cioè di contenuto (pensiero) e di contenente (discorso), ogni ragionamento è strutturato in due enunciati principali, non sempre consapevoli o espliciti: *1)* la premessa, che rappresenta la conoscenza data, e *2)* la conclusione, che viene inferita ossia ricavata e desunta dalla predetta conoscenza, in un rapporto di genere a specie che è ben rappresentato, anche figurativamente, dalla teoria degli insiemi (V. APPENDICE).

In particolare, il ragionamento persegue il proprio obiettivo, cioè una conclusione accettabile, facendo ricorso a due complementari strumenti: uno di tipo scientifico (o razionale) ed uno retorico (o patetico, cioè sentimentale), che esamineremo in dettaglio nei prossimi paragrafi. Qui basti anticipare che, in passato, tali strumenti erano tenuti distinti in una sorta di dualismo tra *episteme* e *doxa* (Platone) e tra *ratio* e *pathos* (Cartesio), che aveva addirittura portato ad escludere del tutto dal c.d. "pensiero moderno" il ragionamento retorico.

Se mai lo è stata, però, tale esclusione non appare tuttora necessaria, ma anzi deleteria, giacché un processo esclusivamente scientifico può essere è coercitivo per la ragione ma non è detto che lo sia anche per la passione, rischiando così di essere semplicemente inutile (a cosa serve, infatti, tutto il sapere del medico, se il malato non si persuade della cura?).

## § 2. Il ragionamento razionale.

Dal punto di vista scientifico, il ragionamento è valutabile in termini di verità e di validità: la prima riguarda le premesse, mentre la seconda concerne la conclusione. Ciò non significa ovviamente che la verità della conclusione sia irrilevante, ma soltanto che -come vedremo- è sufficiente accertare la verità delle premesse e la validità della conclusione per appurare che se sono vere le prime lo sarà pure la seconda, senza bisogno di indagare oltre.

## § 2.1 La verità delle premesse.

Secondo una delle più famose definizioni, la verità è la proprietà di una descrizione di corrispondere alla realtà che descrive.

I Greci ed *in primis* Platone, per riferirsi alla verità usavano il termine *alètheia*, che viene da *lanthàno* ("coprire"), che a sua volta deriva da Lete, il fiume dell'oblio, il fiume che copre. *Alètheia*, con l'alfa privativo, è quindi il contrario di ciò che si copre, ossia "ciò che si scopre nel giudizio".

Tutt'altro significato, invece, per i latini: il termine *veritas*, che proviene dalla zona balcanica e dalla zona slava, vuol dire "fede" (tant'è vero che la "fede" nuziale si dice "vera"), che -in quanto tale- si assume vera senza nessuna riflessione critica, in contrapposizione alla verità in senso greco, cioè *alètheia*, intesa quale "verità di ragione", che scaturisce dal *logos*, dal ragionamento. È quindi al significato greco del termine che ci riferiremo quando parleremo di verità.

Ciò chiarito, vero è quel ragionamento fondato su premesse vere, nella più ampia accezione dell'aggettivo, cioè anche comprensivo del significato di "esatte, certe", e quindi al netto dell'errore inconsapevole (paralogismo) e della menzogna (sofisma), che caratterizzano invece il ragionamento *falso* o *ingannevole*.

In questi termini, è allora facile obiettare che le premesse non sono mai vere, esatte, certe (quantomeno in senso assoluto), giacché in realtà sempre fondate su mere approssimazioni. Nella migliore delle ipotesi, infatti, ogni ragionamento si basa su verità provvisorie, o per meglio dire su congetture da sottoporre a continue confutazioni. D'altra parte, nello stesso ragionamento matematico (detto dimostrazione), le premesse (dette assiomi e postulati) sono punti di partenza arbitrari e incerti, giacché quand'anche argomentati tramite una dimostrazione, quest'ultima poggerà a sua volta su premesse arbitrarie in un regresso all'infinito, che risale cioè fino alla Causa Prima, premessa di tutti i ragionamenti, la quale è ignota (dal che deriva, a cascata, l'incertezza di tutte le cause successive a quella). Tant'è vero che, anche etimologicamente, le premesse matematiche fanno riferimento alla credenza indimostrata: **postulato** deriva infatti da *postulare* e significa "richiesto di fede", mentre **assioma** deriva da *axios* e significa "degno di fede".

## § 2.2. La validità della conclusione.

Partendo da conoscenze già (ritenute) acquisite cioè le premesse, il ragionamento procede *formalmente* verso una conclusione accettabile, sulla base di un nesso di implicazione che dovrebbe legare questa a quelle: ove tale vincolo inferenziale manchi del tutto, si ha una semplice lista di affermazioni, né logica né illogica; in caso contrario, il ragionamento può essere valutato in termini di sua validità. In particolare, il ragionamento può dirsi valido se la sua conclusione deriva dalle premesse rispettando i canoni di correttezza formale stabiliti dalla logica.

Ma se, come sostiene Popper, le inferenze valide, così come del resto quelle invalide o fallaci, sono infinite, allora in base a cosa si stabilisce quali inferenze sono corrette e quali no? Insomma, siccome i ragionamenti non ci giungono con l'etichetta "valido" o "non valido", come facciamo a riconoscerli?

Ebbene, la regola d'inferenza è valida se, date delle premesse vere, la sua osservanza ci garantisce delle conclusioni sempre vere. Pertanto, se -tramite un controesempio- si riesca ad accertare (ex post) che un caso di osservanza di una regola proposta consente che, da premesse vere, si ottenga una conclusione falsa, allora la regola in questione non era valida (oppure le premesse erano false). In definitiva, diciamo "valida" una regola d'inferenza se, e soltanto se, non esista (ancora) per essa un controesempio circa la sua invalidità. Detto ancora in altri termini, le inferenze corrette sono quelle che non possono essere confutate senza contestare la verità delle premesse, sicché un ragionamento è valido se, e solo se, non è possibile che le sue premesse siano vere e la conclusione falsa.

Per quanto riguarda invece le inferenze illogiche, tali sono ad esempio da ritenersi quelle che si volessero trarre da un ragionamento composto da premesse entrambe negative, così come quelle che conducessero ad una conclusione negativa partendo da premesse entrambe affermative.

### § 2.2.1. La logica aristotelica.

Come detto, la validità delle inferenze ha natura logica, che costituisce la grammatica del ragionamento ossia la fondamentale *Legge del pensiero*. Quest'ultima, tuttavia, non stabilisce **ciò che è**, ossia non descrive il ragionamento per come è, ma piuttosto **come**

**dovrebbe essere** affinché sia ritenuto formalmente corretto; e ciò in evidente analogia con le leggi giuridiche o morali (che prescrivono un certo comportamento affinché sia lecito o etico), ma a differenza di quanto avviene con le leggi della fisica, come ad esempio quella di gravità, secondo cui un grave lasciato a mezz'aria necessariamente "precipita" (e non "deve precipitare"). Se così è, la logica non esprime allora una necessità indefettibile, ma piuttosto un'opportunità e quindi una mera eventualità, giacché alle sue prescrizioni non sempre ciò che accade si accorda. In particolare, la logica si basa essenzialmente sui tre capisaldi aristotelici:

**1)** *il principio di identità*, secondo cui un enunciato può essere uguale in senso assoluto solo a se stesso, come espresso dalla formula "A = A"

**2)** *il principio di non contraddizione* (che Aristotele definiva il "più saldo di tutti"), secondo cui non è possibile che una cosa contemporaneamente "sia e non sia", cioè che un'asserzione qualsiasi sia *insieme* vera e falsa: <u>di due contraddittorie, una dev'essere</u>

<u>necessariamente falsa</u>. Tale principio è espresso dalla formula "-(A e non-A)", dove il segno meno davanti alla parentesi tonda nega la verità di ciò che sta all'interno della parentesi stessa;

**3)** *il principio del terzo escluso*, che successivamente i latini condensarono nel motto "tertium non datur", secondo cui un enunciato può essere soltanto vero *oppure* falso, senza che esista una terza possibilità: <u>di due contraddittorie, una dev'essere necessariamente vera</u>. Tale principio è espresso dalla formula "A o non-A".

Da tali principi aristotelici si ricavano i più importanti tipi di inferenza logicamente corretta, ossia:

**A)** la teoria degli insiemi, secondo cui se un certo insieme ha o non ha un certa proprietà, allora anche ciò che appartiene a quell'insieme l'avrà o non l'avrà. Ad esempio: se tutti gli uomini hanno la caratteristica di essere mortali, allora anche ciascun singolo uomo è mortale;

**B)** il c.d. *modus ponens* (lett. "modo che afferma" una verità da un'altra), che si basa sul seguente schema logico: **1)** se p allora q

**2)** è p; **3)** dunque q. Detto in altri termini: **1)** se piove, la strada è bagnata; **2)** piove; **3)** allora la strada è bagnata.

**C)** il c.d. *modus tollens* (lett. "modo che toglie" una verità da un'altra), che si basa sul seguente schema logico: **1)** se p allora q; **2)** non è q; **3)** dunque non è p. Detto in altri termini: **1)** se piove, la strada è bagnata; **2)** la strada non è bagnata; **3)** allora non piove.

### § 2.3. *La logica e la verità.*

Come accennato, la logica si occupa della sola validità del ragionamento, ma non della sua intrinseca verità. Essa, infatti, non "apre" gli enunciati, che ai suoi fini potrebbero anche essere dei vuoti o insignificanti simboli: dire «tutti gli A sono B; questo C è A; allora C è B» oppure «tutti gli uomini sono mortali; Socrate è un uomo; quindi Socrate è mortale», è esattamente la stessa cosa per la logica, che appunto si limita a mettere in relazione gli enunciati "A, B e C" oppure "Uomo, Mortale e Socrate", senza interessarsi del fatto che siano anche veri, ma limitandosi piuttosto a garantire che una certa conclusione è vera se le premesse, da cui logicamente derivi, sono vere. Ma nulla di più. La logica non afferma cioè che "le premesse sono vere e quindi è vera anche la conclusione" ma soltanto che "**se** le premesse sono vere **allora** è vera anche la conclusione" che da quelle logicamente derivi. In definitiva, compito della logica è esclusivamente quello di preservare nella conclusione di un ragionamento la **eventuale** verità (esattezza, certezza) delle sue premesse.

Il suo disinteresse per la verità non significa, tuttavia, che la logica sia irrilevante ai fini della ricerca della verità stessa, anzi. L'accennata provvisorietà delle premesse è appunto il frutto della perenne, necessaria valutazione delle conseguenze più remote del ragionamento stesso ossia le conclusioni, che consentono appunto di verificare la verità delle premesse: se la conclusione, che discenda necessariamente dalle premesse in quanto logica, è strampalata, allora le premesse sono da rivedere, in quanto da premesse false può teoricamente discendere anche una conclusione vera, mentre una conclusione falsa deriva necessariamente da premesse false.

In buona sostanza, nell'ottica della verità, lo scopo ultimo del ragionamento va quindi ribaltato: esso tende alla verifica incessante delle premesse, non alle conclusioni, che sono dunque mezzo e non fine.

### § 3. Il ragionamento retorico.

«Comunicare» significa, letteralmente, mettere (un'idea) in comune, ossia non parlare solo per sé stessi. Verità (delle premesse) e validità (della conclusione) sono quindi requisiti necessari ma non sufficienti al ragionamento, che deve infatti essere anche efficace cioè idoneo a trasmettere un'idea all'uditorio suscitandone il *pathos* ossia il coinvolgimento emotivo.

A tal proposito, si immagini un oratore che partendo da premesse vere giunge a conclusioni logicamente valide, ma ciò faccia attraverso un ragionamento:

1) NON PERTINENTE con la tesi che intenda sostenere (ad es., per affermare che la Costituzione italiana è importante, usi l'argomento -vero e valido- che Modena è in Emilia Romagna);

2) INCREDIBILE, cioè non verosimile

secondo un criterio (relativo) di normalità;

3) CONFUSO, disordinato ovvero composto da termini non chiari e quindi poco o per nulla comprensibili all'uditorio (a parità di fattori, la spiegazione più semplice è sempre da preferire);

4) PROLISSO, cioè dicendo con 100 parole ciò che può dirsi con 10 (*intelligenti pauca*, ossia "a chi capisce, basta poco", e, specularmente, "a chi non capisce, non basterebbe neppure il troppo").

Ebbene, un ragionamento vero e valido, che tuttavia non fosse pure pertinente, verosimile, chiaro e soprattutto breve, mancherebbe perciostesso di "persuasività", che è appunto la terza caratteristica necessaria al ragionamento corretto (cioè vero e valido) affinché possa addirittura definirsi perfetto. Ora, mentre della verità si occupa la scienza e della validità la logica, della persuasività si interessa la retorica, cioè l'arte del parlare di cui già si è detto, la quale attraverso il richiamo al sentimento o *pathos* punta a suscitare nell'uditorio un'adesione che va oltre i citati presupposti scientifici del ragionamento. La retorica, infatti, non distingue tanto i ragionamenti in veri e falsi, o in corretti e scorretti, ma piuttosto in forti e deboli, ossia in base alla loro efficacia persuasiva, che non dipende necessariamente e senz'altro da una loro conformità alla logica formale e/o alla verità intrinseca della realtà oggettiva che descrivono (l'efficacia persuasiva dei ragionamenti *esclusivamente* retorici è infatti direttamente proporzionale all'incapacità critica e logica dell'uditorio). Sventolare la bandiera nazionale, appellarsi ad un dogma religioso, indossare la maglietta della propria squadra, suscita infatti adesioni incondizionate nelle rispettive tifoserie, che prescindono da verità e validità. Alla persuasione retorica è infatti sufficiente l'**opinione**, quindi il verosimile, ossia ciò che è (soltanto) plausibile ancorché non sempre dimostrabile scientificamente.

Ciò detto, occorre allora chiedersi se sia corretto servirsi della retorica nei propri ragionamenti. La risposta mi sembra affermativa sotto un triplice punto di vista. Anzitutto, la retorica -in quanto *mera* abilità nel discutere- è neutra: essa si distingue infatti in buona e cattiva esclusivamente per l'intenzione e non per la facoltà, ossia in base agli scopi perseguiti in concreto attraverso la persuasione, e non per gli strumenti retorici in sè, che in astratto sono pur sempre i medesimi. Infatti, a differenza dell'eristica, che ha come unico scopo quello di vincere nella discussione ad ogni costo (cioè anche ingannando), la dialettica ricorre invece a quegli stessi strumenti retorici al fine però di rendere verosimile il vero, cioè per spiegarne la ragione di verità: funzione, questa, tutt'altro che biasimevole, giacché sarebbe certamente spiacevole se le cose vere, utili, giuste, non avessero difesa bastevole e quindi, pur essendo migliori delle contrarie, restassero inferiori a quelle.

In secondo luogo, la retorica in sé e per sé (cioè a prescindere dagli ulteriori scopi eristici o dialettici di cui si è detto) permette di conoscere come si persuade anche sul falso, e quindi di scoprire (nel senso di smascherare) gli abusi retorici altrui, cioè gli artifici argomentativi di chi, al contrario del buon retore, intendesse rendere verosimile il falso. E' indubbio, infatti, che il modo migliore (forse, l'unico) per non essere ingannati da un discorso è proprio quello di conoscere le tecniche manipolatorie, così da poter meglio confutare la relativa fallacia e quindi difendersene.

In terzo ed ultimo luogo, si consideri che, se l'alternativa è tra retorica e barbarie, allora è pur sempre meglio cercare di ottenere ragione attraverso un discorso, ancorché ingannevole, piuttosto che con la violenza.

In definitiva, anche chi aborre ogni tecnica persuasiva in quanto potenzialmente manipolatoria, non può comunque fare a meno di riconoscerle l'accennata triplice positiva rilevanza, nella misura in cui cioè consente di valorizzare il vero, di smascherare il falso e di risolvere comunque le liti in modo non violento.

# CAPITOLO III

## I DIVERSI TIPI DI RAGIONAMENTO

> *Ogni ragionamento si riduce a due operazioni mentali: l'addizione e la sottrazione.*
> *(Hobbes)*

### § 1. Il sillogismo.

Il ragionamento è composto da alcune proposizioni concatenate (seppure non tutte sempre esplicitate): le prime fungono da antecedenti e sono dette premesse (maggiore e minore), mentre l'ultima è il conseguente o conclusione.

Tale ragionamento concatenato è detto sillogismo (dal greco *sylloghismon*, "raccolgo insieme"), che può anche assumere la particolare forma di:

- **prosillogismo** (o polisillogismo), che è il concatenamento di due o più sillogismi, in cui la conclusione dell'uno diventa la premessa del successivo (della apodissi). Ad esempio: "gli esseri viventi sono mortali; gli uomini sono esseri viventi; quindi *gli uomini sono mortali*; Socrate è un uomo; quindi Socrate è mortale";

- **epicherema**, che è quel sillogismo in cui

ciascuna premessa è accompagnata dalla sua prova. Ad esempio: "gli uomini sono mortali, come confermato dall'esperienza e da tutti questi dati scientifici in nostro possesso; Socrate è un uomo, perché ne ha tutte le caratteristiche morfologiche ed essenziali; quindi Socrate è mortale";

- **entimema** ("ciò che è concepito dalla mente"), che è un sillogismo abbreviato (perciò anche detto "imperfetto"), perché tace la premessa o la conclusione, che si dà per nota in quanto ovvia (o presunta tale) senza bisogno di dichiararla o esplicitarla, giacché l'uditorio le supplisce da sé. Ad esempio: "Socrate è un uomo, quindi mortale". Oppure: "Gli uomini sono mortali e Socrate è un uomo". In tal caso, quando a mancare è la conclusione, l'entimema può assumere le caratteristiche dell'aposiopesi (dal greco *aposiōpáō*, "io taccio"), chiamata anche sospensione, che è appunto un'interruzione improvvisa del discorso, per dare l'impressione di non poter o non voler proseguire, ma lasciando intuire la conclusione, che viene infatti deliberatamente taciuta per creare una particolare impressione capace di suscitare quella stessa piacevolezza che si prova nel completare un cruciverba (giacché la conoscenza è un desiderio, e soddisfarla dà piacere).

## § 2. La deduzione.

La deduzione (dal latino *de-ducere*, "trarre da") è *il* ragionamento valido per antonomasia, poiché consente di giungere da proposizioni generali a proposizioni particolari mediante un nesso di inferenze logicamente corrette: partendo da delle premesse date.

Esemplificativamente, la deduzione ha la seguente struttura inferenziale:

**[1]** tutte le sentenze di quel giudice sono giuste

**[2]** queste sentenze sono di quel giudice

**[3]** queste sentenze sono giuste.

Da quanto sopra appare evidente che la deduzione ne ricava *di necessità* una conclusione logica.

In particolare, la deduzione è valida se soddisfa le seguenti regole:

1. Ci devono essere solo tre termini (soggetto, predicato e termine medio).

2. Il soggetto e il predicato devono essere

distribuiti in modo uguale nelle premesse e nella conclusione.

3. Il termine medio deve essere distribuito esattamente una volta e non deve mai comparire nella conclusione.

4. Da due premesse negative non segue alcuna conclusione.

5. Da due premesse affermative segue una conclusione affermativa.

6. Da due premesse particolari non segue alcuna conclusione.

7. Da due premesse universali non si può trarre una conclusione particolare

8. Se una delle due premesse è negativa, la conclusione dovrà essere negativa; se una delle due premesse è particolare, la conclusione dovrà essere particolare.

## § 3. L'induzione.

A differenza della deduzione, che -in modo del tutto logico- da una regola generale giunge ad una particolare, l'induzione (dal latino *inducere*, "condurre dentro") compie esattamente il percorso inverso. Ispirandosi infatti alla teoria matematica della probabilità, l'induzione (detta anche ragionamento per esempi) effettua, mediante un'inferenza non logica ma statistica, una generalizzazione di casi particolari, ossia afferma che ciò che è stato trovato vero in alcuni casi noti (gli "esempi") lo potrebbe essere sempre, e cioè anche in altri casi non conosciuti, perché *in thesi* tutti potenzialmente soggetti alla medesima regola o paradigma, generalizzando cioè ad una classe quello che è (ritenuto) vero per una parte della classe stessa.

A differenza della deduzione (i cui enunciati abbiamo sopra esemplificativamente presentato nell'ordine **[1][2][3]**), l'induzione ha la seguente struttura inferenziale:

**[2]** queste sentenze sono di quel giudice

**[3]** queste sentenze sono giuste

**[1]** tutte le sentenze di quel giudice sono *[presumibilmente]* giuste.

Da quanto sopra appare evidente che la conclusione **[1]** cui perviene l'induzione, è ampliativa rispetto alle promesse, sicché non ha natura logica cioè necessaria ma solo possibile o tutt'al più probabile. Infatti, a meno che non si dimostri che i "casi" sono in numero limitato e che la regola si applica a tutti, l'induzione non permette di provare che una proposizione è universale, come appunto ricorda Popper nel suo famoso esempio dei cigni bianchi, essendo sufficiente a smentirla il c.d. "controesempio" di un solo cigno nero (il che è quanto effettivamente accadde quando, in Australia, si scoprì la specie *Cygnus atratus*). L'induzione, peraltro, non produce certezze (ma sempre mere possibilità, più o meno probabili) neppure qualora si fondasse sull'esame di dati non parziali ma totali, come dimostra il c.d. paradosso di Agassi a proposito di quel tacchino che facesse previsioni sul proprio natale basandosi sul fatto che tutti i precedenti giorni dell'anno abbia <u>sempre</u> ricevuto cibo ed acqua. L'induzione, insomma, non è mai idonea ad affermare con certezza una regola senz'altro affidabile. Ciononondimeno, se è pur vero che non si può mai pervenire a conclusioni universali certe partendo da casi particolari (per quanto numerosi possano essere), l'induzione ha comunque un'indubbia rilevanza argomentativa, giacché tutte le premesse dei ragionamenti, ivi compresi quelli deduttivi, sono necessariamente determinate e stabilite in modo induttivo. A ciò si assiugna che, dopo un certo numero di casi (idonei a costituire un "campione caratteristico", sufficientemente rappresentativo della classe osservata) ed in assenza di un controesempio, è possibile (o addirittura doveroso) ammettere un passaggio all'universale, o quantomeno riconoscere al risultato induttivo una certa attendibilità statistica (si pensi ai sondaggi, alle rilevazioni a campione, ecc.). L'importanza imprescindibile del ragionamento induttivo, del resto, era già nota sin dai tempi di Socrate, che su di essa fondò la maieutica, cioè quel continuo interrogare su cosa sia la giustizia, la virtù, ecc., mirando così a raccogliere tutti gli esempi in cui la giustizia, la virtù, ecc. si manifestano per astrarre così, da tali casi particolari, una definizione universale di interesse.

## § 4. L'abduzione.

L'abduzione (dal latino *ab-ducere*, "condurre via") è quel particolare ragionamento che, mediante un'inferenza non logica ma congetturale, ipotizza la possibile spiegazione di un certo evento osservato. Il percorso dell'abduzione, quindi, va dall'effetto alla causa, ossia studia i fatti per escogitarne una teoria capace di spiegarli, come fa ad esempio il medico per la diagnosi di una malattia attraverso i sintomi, o il tecnico che cerca di individuare le cause del guasto al dispositivo da riparare, o il detective che cerca di risalire al colpevole tramite indizi (in questo era ad esempio maestro Sherlock Holmes, secondo Conan Doyle). A differenza della deduzione (ordine enunciati: **[1] [2] [3]**) e dell'induzione (ordine enunciati: **[2] [3] [1]**), l'abduzione ha esemplificativamente la seguente struttura inferenziale:

**[1]** tutte le sentenze di quel giudice sono giuste

**[3]** queste sentenze sono giuste

**[2]** queste sentenze sono *[forse]* di quel giudice.


**§ 5. Pregi e difetti dei ragionamenti deduttivi e di quelli non deduttivi.**

Come abbiamo visto nei paragrafi precedenti, deduzione, induzione e abduzione si differenziano tra loro per il fatto che la prima è essenzialmente ispirata a rigorosi principi di logicità, mentre le altre a *meri* canoni di plausibilità (ciò che non è logico può comunque avere una propria coerenza razionale). Ne deriva che, quand'anche tutte fondate su premesse vere, solo la deduzione conduce ad una conclusione *necessariamente* vera (c.d. necessità logica), mentre l'induzione ad una conclusione vera *sino a prova contraria* (c.d. probabilità induttiva) e l'abduzione ad una conclusione *forse* vera(c.d. aspettabilità abduttiva). Proprio per tale ragione, i ragionamenti deduttivi -a differenza di quelli non logici- sono detti "cogenti" o "stringenti", giacché se di essi si accetta la verità delle premesse, non si può poi rifiutare (senza contraddirsi) la verità della conclusione, in quanto appunto "garantita" dalla logica. Nell'induzione e nell'abduzione, invece, la verità della conclusione è solo plausibile, razionale, ma non necessaria.

Tuttavia, la correttezza logica della deduzione è, in un certo senso, anche il suo più grande limite, poiché il risultato cui essa perviene non aggiunge nulla, in termini di verità, che non sia già nelle sue premesse, dalle quali anzi toglie: deduzione, quindi, letteralmente intesa come "sottrazione" di un termine (detto "medio"), comune alla premessa maggiore e a quella minore, come in questa esemplificazione:

l'~~uomo~~ è mortale -

Socrate è un ~~uomo~~ =

Socrate è mortale

All'esito dell'operazione di sottrazione del termine medio (che ovviamente non è sempre così immediata come nell'esempio appena fatto), il contenuto che residua (cd. resto) va appunto a formare la conclusione.

Per questo motivo, le verità logiche sono tutte essenzialmente tautologiche, giacché si limitano ad esplicitare nella conclusione quanto già implicitamente contenuto nelle premesse (c.d. "informazione placebo"). Ecco spiegata, allora, la grande utilità dei ragionamenti non deduttivi, le cui conclusioni sono invece "ampliative" rispetto alle premesse perché -andando oltre ciò che consentirebbe la logica- "aggiungono" (anziché sottrarre) conoscenza nuova rispetto a quella già contenuta in esse.

A tal proposito basti pensare, del resto, al

calcolo delle probabilità per rendersi conto dell'importanza di tali ragionamenti non deduttivi, dai quali è lecito attendersi non la certezza del rigore logico bensì una soluzione comunque razionale che conduca da premesse vere a conclusioni vere *la maggior parte delle volte*.

## § 6. Sofisma e paralogismo.

Nel mondo dei ragionamenti, sofisma e paralogismo sono ciò che l'illusione è nel mondo delle percezioni: se tale *illusione* (che, fuor di metafora, si chiama fallacia) è nota all'oratore (che quindi consapevolmente vi ricorresse per ingannare l'uditorio), si ha il sofisma; in caso contrario, cioè se il primo ad essere ingannato dal proprio ragionamento è l'oratore stesso, si ha il paralogismo. Queste due fallacie (che, come visto, si differenziano solo per lo stato soggettivo di chi vi incorre), possono riguardare tanto la validità quanto la verità del ragionamento:

-nel primo caso, la fallacia consiste nel non ammettere (a se stessi o all'uditorio) che il ragionamento conduce ad una conclusione induttiva o abduttiva, quindi non necessaria (ossia logica) ma solo possibile o tutt'al più probabile;

-nel secondo caso, la fallacia consiste nel non ammettere (a se stessi o all'uditorio) che il ragionamento si basa su premesse false (incerte, inesatte) o ingannevoli.

## § 7. *Non sequitur* (o *non-sense*).

Per una naturale attitudine di ciascuna mente razionale al ragionamento, tutti riescono facilmente a riconoscere un non-sense, come ad esempio: «i francesi bevono vino; Napoleone è francese; ergo, Napoleone ha i capelli neri». Infatti, nel non-sense o *non sequitur* (lett. "non consegue") l'eventuale verità della conclusione è a noi nota *aliunde*, poiché non la ricaviamo dalle premesse, con le quali manca infatti un nesso di rilevanza o pertinenza. Lo stesso avviene, inoltre, negli oroscopi e nei discorsi religiosi o magici in genere, che sembrano apparentemente costituiti da proposizioni tra loro concatenate ed addirittura cogenti, sebbene in realtà siano una mera lista di affermazioni prive di una evidenza causale certa o anche solo probabile (ad es., "Giove è in Saturno, quindi attenzione alle cattive amicizie", oppure "Sei nato il 21 marzo, quindi attenzione ai colpi di freddo"). In defintiva, nel non-sense è possibile credere alla verità della conclusione senza nel contempo dover necessariamente credere che lo siano anche le sue premesse, che sono infatti irrilevanti. Ed in effetti, chiunque può, con un certo sforzo, riuscire a credere al colore corvino dei capelli di Napoleone anche immaginandolo astemio o, per avventura, olandese; oppure credere che sia giusto fare attenzione ai colpi di freddo a prescindere dal proprio segno zodiacale.

## § 8. Conclusioni.

Riassuntivamente, il ragionamento può distinguersi in:

**1)** vero, caratterizzato da premesse vere;

**2)** logico (deduzione), caratterizzato da una conclusione necessaria;

**3)** corretto (ossia vero e logico), caratterizzato da premesse vere e conclusione valida;

**4)** perfetto, ossia corretto e nel contempo

retoricamente persuasivo;

**5)** non-logico (induzione e abduzione), caratterizzato da una conclusione solo possibile o tutt'al più probabile;

**6)** fallace (sofisma/paralogismo) caratterizzato da una conclusione illogica e/o da premesse false;

**7)** insensato (*non sequitur* o *non-sense*), caratterizzato da una conclusione non pertinente con le premesse, indifferentemente vere o false.

# CAPITOLO IV

## ARGOMENTAZIONE E CONFUTAZIONE

*La verità non si confuta mai.*
(Platone)

*Tutte le cose che gli uomini hanno stabilito, persuasi che fossero vere, sono semplicemente dei nomi.*
(Parmenide)

## § 1. Introduzione.

I ragionamenti esaminati nel capitolo precedente sono i potenziali pilastri su cui ogni oratore fonda il proprio rapporto con l'uditorio al fine di sostenere le ragioni a favore di una certa tesi, ovvero i motivi per cui dovrebbe invece respingersi la tesi contraria a quella perorata. Queste due complementari prospettive del ragionamento sono l'**argomentazione** (*confirmatio*) e la **confutazione** (*refutatio*), di cui appresso.

## § 2. L'argomentazione.

Argomentare significa cercare di convincere o persuadere l'uditorio circa la fondatezza di una certa tesi, adducendo ragioni ed opinioni a favore di quella, e quindi una prova, detta *persuasiva*. A tal proposito, assai significativamente, in tedesco "persuadere" si dice *überzeugen*, che è un verbo composto da *über* ("sopra") e da *zeugen* ("testimoniare"), quindi "convincere mediante testimonianza" (imparziale) di un fatto "vero".

### § 2.1. La convergenza (o diallage).

Il ragionamento può consistere in un fascio di argomenti convergenti verso una medesima tesi, indipendenti gli uni dagli altri seppur in continua interazione tra loro: in tal caso l'efficacia persuasiva del discorso se ne avvantaggia, perché all'uditorio sembra poco verosimile che parecchi argomenti, se erronei, portino tutti ad uno stesso risultato.

Ciò detto, in presenza di plurimi argomenti, è anzitutto opportuno considerare anche la loro *dispositio*, ossia l'ordine con cui possono essere presentati. A tal proposito, si ritiene che con il c.d. "ordine crescente", ossia iniziando con argomenti deboli, si rischia di indisporre l'uditorio; con il c.d. "ordine decrescente", ossia terminando con argomenti deboli, si rischia invece che l'ultimo sia quello che rimanga più impresso all'uditorio; sicché, quantomeno per esclusione, si preferisce iniziare con un argomento forte, poi debole, quindi più forte, secondo il cosiddetto "ordine omerico" (o nestoriano o nestorico), che prende appunto il nome dal IV libro dell'Iliade, ove si narra che Nestore avesse schierato in battaglia in prima fila i forti cavalieri, nelle retrovie gli altrettanto forti fanti, e nel mezzo dei due i combattenti più deboli. Ciò pare del resto confermato anche da alcuni recenti studi sulla memoria, secondo cui, di fronte ad un elenco di informazioni, si tende a ricordare meglio le prime (effetto *primacy*) e le ultime (effetto *recency*), mentre al contrario quelle poste nella parte centrale della lista vengono meno facilmente registrate nel ricordo. E' emerso, in particolare, che il ricordo degli elementi finali prevale se si chiede di rievocare subito l'elenco, mentre se lo stesso compito viene effettuato dopo un certo lasso di tempo prevale il ricordo dei primi elementi. Tale complessivo effetto (detto "di posizione seriale") è ovviamente ben noto all'avvocato, il quale -quando può- nel processo fa ad esempio in modo che i propri "testi chiave" siano preferibilmente sentiti per primi, così da influenzare il convincimento del giudice circa il successivo sviluppo della prova orale (allo stesso modo di come i voti precedenti di un libretto universitario possono influire sulle valutazioni dei successivi esami) e per ultimi, affinché l'informazione più "fresca" possa in qualche modo influenzare positivamente il provvedimento che il magistrato si accinge a pronunciare (a chiusura dell'udienza stessa o, addirittura, dell'intero processo).

Ciò detto, occorre però considerare anche i possibili effetti negativi della convergenza, e cioè che:

1) quando più argomenti conducono ad una medesima conclusione, potrebbe sorgere nell'uditorio il sospetto che si tratti di una convergenza artificiosa per eccessiva coerenza, al pari di quanto accade allorché, durante una partita a carte, un giocatore riceva una scala reale servita (il giocatore ha barato?, le carte sono state adeguatamente mischiate?);

2) poiché l'argomentazione ammette implicitamente che la tesi è dubbia

(altrimenti non sarebbe neanche necessario discuterne), *molti* argomenti potrebbero paradossalmente indurre l'uditorio a credere che la questione sia *molto* dubbia;

3) tanti argomenti allungano il discorso, con la conseguenza che la pazienza dell'uditorio potrebbe risentirne, indisponendolo. Per tale motivo, si è spesso suggerito -ma senza mai riuscire a fornirne una spiegazione razionale e plausibile- di limitare preferibilmente a tre il numero massimo degli argomenti;

4) da un certo punto di vista (matematico), è più probabile che sia vero un ragionamento composto da un unico argomento A, piuttosto che un discorso composto dagli argomenti A, B e C, perché se A, B e C sono veri allora è senz'altro vero anche A, ma non viceversa. Detto in altri (e meno paradossali) termini, la verità di una tesi non dipende dalla quantità di argomenti a suo favore, giacché un solo argomento efficace può confutarne innumerevoli di inefficaci;

5) due o più ragionamenti totalmente diversi, parimenti veri, possono condurre ad una medesima conclusione ancorché fondati su premesse diverse o addirittura opposte (è il

medesimo, ad esempio, il prodotto della moltiplicazione "meno per meno" e "più per più") senza tuttavia che la conclusione stessa sia necessariamente avvalorata dal numero degli argomenti a suo favore.

### § 2.2. La convergenza a tappe.

Un particolare tipo di convergenza argomentativa è quella a tappe, che consente di arrivare per piccoli passi ossia per gradi successivi, ad una conclusione che altrimenti l'uditorio potrebbe non accettare. Ciò avviene ad esempio quando, per raggiungere la conclusione C, si passa prima da A a B, come nel caso in cui, per sostenere l'ardita tesi di ammettere gli esperimenti scientifici sugli esseri umani, si proponga dapprima la sperimentazione su alcuni animali, poi su tutti, quindi sugli esseri umani condannati a morte (magari in cambio della grazia), quindi sugli ergastolani (magari in cambio della libertà), e così via.

Tale convergenza argomentativa è generalmente contrastata prospettando sin da subito la "china" (ossia quali drammatiche conseguenze potrebbe prendere il discorso), oppure attendendone l'esito al fine di eliminarne le tappe intermedie e rilevando così il salto tra la prima (esperimenti su alcuni animali) e l'ultima (esperimenti su tutti gli uomini).

## § 3. La confutazione.

Ogni argomentazione, specie se giuridica, non è quasi mai un evento isolato, ma si oppone invece ad una precedente o successiva argomentazione, uguale e contraria, da confutare.

Dopo aver stabilito quali siano i requisiti intrinseci del ragionamento, è allora agevole intuire che confutare un argomento significa contestarne la _verità_ scientifica (o verosimiglianza, plausibilità), la _validità_ logica, la _persuasività_ retorica (pertinenza, ecc.).

In particolare, la confutazione (che può essere anche apparente: c.d. pseudoconfutazione) viene distinta in:

1) _confutazione ad rem_, che rileva una contraddizione oggettiva dell'argomentazione, per una sua discordanza nei fatti;

2) _confutazione ad hominem_, che evidenzia invece una contraddizione soggettiva, per discordanza dei fatti con chi li afferma;

3) <u>confutazione diretta</u>, che contesta la verità delle premesse (*nego majorem* o *nego minorem*), giacché da premesse false discendono, spesso (ma non necessariamente), conclusioni false;

4) <u>confutazione indiretta</u>, che contesta l'argomentazione nelle sue conclusioni (*nego consequentiam*), ossia anziché sostenere (direttamente) che -in base alle sue premesse- la tesi A è falsa, lo si fa appunto in modo indiretto e cioè: *i)* si argomenta la verità/fondatezza della tesi B, che è tuttavia contraria/incompatibile con la tesi A, la quale ultima quindi non può essere vera; *ii)* si indicano casi particolari della tesi A per i quali essa però non vale sicché non può che essere falsa; *iii)* si mettono in evidenza gli inconvenienti che la tesi A produrrebbe se fosse accolta.

## § 3.1. *La prolessi (o premunizione)*.

Un particolare tipo di confutazione è la prolessi, che consiste nell'anticipare una prevista obiezione avversaria, così prevenendola prima ancora che venga sollevata dal diretto interessato.

La prolessi ha il duplice positivo effetto di:

1) presentare la tesi avversaria in modo meno brillante di quanto potrebbe probabilmente fare il diretto interessato; 2) apparire capaci di vedere le "ragioni" avversarie, cioè di avere un quadro *complessivo* (e quindi, in un certo senso, oggettivo) della questione. Bisogna d'altra parte considerare che la prolessi presenta altrettanti inconvenienti, quali: 1) suggerire alla controparte argomenti che magari da sé non avrebbe avuto; 2) attirare l'attenzione dell'uditorio su effettive manchevolezze della propria tesi.

## § 3.2. L'*ignoratio elenchi*.

A differenza della prolessi (che replica ad una possibile obiezione avversaria prima ancora che questa venga espressa), la *ignoratio elenchi* è una confutazione apparente che consiste nell'opporre all'argomento della controparte una questione del tutto secondaria ed irrilevante anziché controargomentare effettivamente (c.d. diversione). In tal caso si parla pure di "fallacia dell'uomo di paglia", giacché si confuta una proposizione che in realtà non è quella difesa dall'avversario, ma un'altra più facile da confutare, esattamente come facevano i cavalieri medievali, che si allenavano combattendo contro un manichino di paglia prima di affrontare in duello l'avversario reale.

Ebbene, fatta eccezione per l'ipotesi in cui l'argomento avversario sia effettivamente trascurabile, si fa generalmente ricorso a tale strategia pseudoconfutatoria quando si ritiene che il proprio controargomento sia debole, cioè poco efficace a fini persuasivi, ovvero tale che -qualora esplicitato- possa addirittura far presumere all'uditorio che non se ne abbiano di migliori o che proprio non ne esistano altri, così rischiando anche di precludere involontariamente altri argomenti (più forti) che magari potrebbero venire in mente spontaneamente all'uditorio stesso in caso di silenzio. Quest'ultimo, infatti, è un particolare (ed estremo) caso di *ignoratio elenchi*, basato sull'intima convinzione che prima ancora di preoccuparsi a rafforzare la propria tesi con un argomento forte, è preferibile cercare di non danneggiarla con un argomento debole o sbagliato. La confutazione debole fa rischiare infatti che l'uditorio commetta inconsciamente la fallacia della falsa dicotomia (su cui vedi oltre), in forza della quale una volta ritenuta falsa la confutazione, ritenga vera l'argomentazione non efficacemente confutata, come se argomentazione e confutazione fossero due perfetti contrari, ditalché se uno dei due è falso allora l'altro è vero (quando, invece, potrebbero semplicemente essere falsi entrambi). In altri termini, una volta espressa una confutazione, l'attenzione dell'uditorio si concentra su questa, e -se debole- rischia di *avverare* l'argomentazione *a contrario*, cioè sulla base della falsità della confutazione e non sulla base della verità dell'argomentazione stessa.

Infine, se da un lato l'*ignoratio elenchi* consente di non dare *rilevanza* alla tesi avversaria con il solo fatto di ripeterla all'uditorio (c.d. "presenza"), dall'altro lato il rischio è che essa venga intesa come implicita ammissione della fondatezza dell'argomento ignorato (si pensi, in proposito, all'art. 115 cpc in tema di c.d. fatti non contestati).

## § 3.3. La retorsio argumenti.

Un altro particolare tipo di confutazione è la

*retorsio argumenti*, che consiste nell'ammettere provvisoriamente le premesse dell'avversario al fine però di ritorcergliele contro giungendo a conclusioni diverse, opposte o comunque assurde, e quindi dimostrando che l'assunto originale era perciò errato (c.d. *reductio ad absurdum*). In altri termini, tale argomento (detto apagogico) parte dall'ipotesi opposta alla tesi che si intende dimostrare, ne deduce una conseguenza che risulta falsa, quindi l'ipotesi originaria non può essere vera, *ergo* è dimostrata *a contrario* quella opposta, giacché da una tesi falsa si può infatti dedurre come vera la sua negazione (c.d. *consequentia mirabilis*), mentre da una tesi vera, invece, non si può logicamente dedurre la sua negazione.

Per un esempio pratico, si pensi alla famosa scommessa di Pascal, secondo cui credere in Dio conviene perché se Dio esiste, si ottiene la salvezza, mentre se non esiste si è comunque vissuto un'esistenza lieta rispetto alla consapevolezza di finire in polvere. Ebbene, anziché contestare la bizzarrìa di una tale argomentazione, che applica alla Fede criteri propri del gioco d'azzardo, se ne possono invece ammettere provvisoriamente le premesse, ritenendo cioè valido lo strumento di una siffatta scommessa, ed estendendolo quindi ad altre potenziali divinità, al fine di verificarne così l'esistenza, giacché se il metodo della scommessa vale per il Dio cristiano non si vede perché non dovrebbe valere per Allah o Zeus (salvo ritenere, con fallace petizione di principio, che la scommessa vale solo con il Dio cristiano, perché è l'unico che esiste). Ora, una volta ritenuta applicabile la scommessa alle altre divinità, si tratterà solo di valutare quella che dà di più secondo i propri gusti (si pensi alle promessa delle vergini paradisiache) o che punisce di più in base alle proprie paure ("Uccidete gli infedeli ovunque li incontriate, purché non vicino alla Santa Moschea"), scommettendo insomma sull'esistenza di ciò che più desidererebbe esistesse e vincendo sistematicamente.

# CAPITOLO V

## LE FALLACIE ARGOMENTATIVE

> *Il retore non ha bisogno di sapere come stiano le cose in sé, ma solo di trovare qualche congegno di persuasione, in modo da dare l'impressione, a gente che non sa, di saperne di più di coloro che sanno.*
> (Platone)

### § 1. Introduzione.

In modo non sempre consapevole, si può incappare in vere e proprie fallacie, ossia in ragionamenti soltanto apparentemente fondati, cioè dotati del solo requisito della persuasività ("vuota retorica") ma del tutto privi dei requisiti scientifici della verità e validità. Ed è proprio di tali *artifici argomentativi* che ci occuperemo nei prossimi paragrafi.

### § 2. L'argomento Corax.

L'argomento Corax (che prende il nome dal retore Corace, allievo del filosofo Empedocle) consiste nel dire che un fatto è inverosimile perché troppo... verosimile.

Ad esempio, "l'imputato ha troppi indizi a suo carico per essere il vero colpevole", come nell'ipotesi in cui fosse così noto che odiasse la vittima che sarebbe stato il primo ad essere sospettato in caso di omicidio e dunque, proprio per questo, non può aver commesso il delitto; oppure, ove si sostenga che i veri criminali, sapendo che l'imputato sarebbe stato sospettato del delitto, avrebbero appunto approfittato di ciò per commettere il reato impunemente.

Per quanto suggestivo, l'argomento Corax è fallace perché fondato su una mera illazione, che infatti viene generalmente confutata con le sue stesse armi, cioè con la *retorsio argumenti*: prendendo provvisoriamente per vero il Corax, poi lo si ribalta affermando che "l'imputato ha invece commesso il crimine perché sapeva che, proprio in forza del Corax, sarebbe riuscito ad eludere i sospetti a suo carico".

## § 3. La fallacia della definizione.

Non solo le premesse sono a loro volta le conclusioni di pregressi ed impliciti ragionamenti (cfr. quanto si è detto a proposito dei polisillogismi), ma anche le singole parole che le compongono assumono rilevanza "conclusiva". Nel qualificare un termine dandone una definizione, si esprime infatti un giudizio, ossia la conclusione di un (implicito) ragionamento, che -in quanto tale- può quindi essere esaminato al fine di valutarne verità e validità.

Incorre allora nella fallacia della definizione chi abusi di un termine, utilizzando nel proprio discorso e principalmente nelle premesse, un'accezione falsa, tendenziosa o indimostrata di un'affermazione. Tra tutte le fallacie, questa è probabilmente la più pericolosa, perché subdolamente efficace e al tempo stesso complicata da confutare, giacché richiede una puntigliosa analisi terminologica sul significato delle singole parole, che finisce spesso per risultare stucchevole (se non, addirittura, irritante) per l'uditorio.

## § 4. La fallacia *ad ignorantiam*.

Tale fallacia è il frutto di una erronea applicazione dell'onere della prova, e consiste nell'argomentare che una proposizione è vera perché non si hanno prove del fatto che sia falsa, oppure che è falsa perché non si è dimostrato che è vera. In entrambi i casi, l'assenza di prove circa la verità o la falsità di una conclusione non implica senz'altro la prova della sua falsità o verità, giacché da due (o più) premesse negative non si può logicamente ricavare alcuna conclusione affermativa (ad es., dal fatto che un oggetto "non è bianco", non si può dedurre che sia nero né di che colore sia).

## § 5. La falsa reciprocità.

L'argomento di reciprocità consiste nell'invocare una regola di simmetria, in base alla quale se da un antecedente si giunge ad un conseguente, allora da quest'ultimo si può fare il percorso inverso. Una tale simmetria può in effetti esistere, ma non è detto che esista sempre; quando la si invochi a sproposito (il che, ad esempio, accade frequentemente agli schizofrenici, i quali tendono appunto a trattare tutti i termini relazionali come sempre simmetrici) si incappa nella fallacia argomentativa di cui qui si discute, la quale può in particolare consistere:

**A)** nella fallacia *dell'affermazione del conseguente*, che è la degenerazione del *modus ponens* e ha la seguente struttura inferenziale: "Se P, allora Q; è Q; ergo P". Ad esempio: 1) se Tizio è genovese, allora è ligure; 2) Tizio è ligure; 3) allora Tizio è genovese.

**B)** nella fallacia *della negazione dell'antecedente*, che è la degenerazione del *modus tollens*, e ha la seguente struttura inferenziale: "Se P, allora Q; non è P; ergo non è Q". Ad esempio: 1) se Tizio è genovese, allora è ligure; 2) Tizio non è genovese; 3) allora Tizio non è ligure.

*Subb* A e B, l'errore (logico) è intuitivamente smascherabile con un semplice controesempio: in entrambi i casi Tizio potrebbe essere di Savona.

Per concludere, si tenga presente che: 1) se è impossibile il conseguente, è impossibile anche l'antecedente, ma non viceversa; 2) se l'antecedente è possibile, è possibile anche il conseguente, ma il conseguente può essere possibile anche se l'antecedente è impossibile; 3) ciò che contraddice il conseguente, contraddice anche l'antecedente, ma non viceversa; 4) se la verità dell'antecedente è certa, o probabile o apparente, il conseguente sarà rispettivamente certo, o probabile o apparente (sofistico).

## § 6. La fallacia *secundum quid et simpliciter*.

Tale fallacia rappresenta un deteriore impiego dell'induzione e consiste in una indebita generalizzazione di esempi insufficienti o non rilevanti, che vengono elevati a regola generale, come nel caso in cui dall'esame della serie di numeri 1-3-5-7 si volesse concludere che tutti i numeri dispari sono primi, sulla erronea base della c.d. "legge dei *piccoli* numeri", che appunto non consente di ritenere statisticamente vero per piccole serie ciò che è solo approssimativamente vero per serie molto lunghe.

## § 7. La *petitio principii* (o diallelo).

Tale fallacia consiste nell'usare come premessa (ossia nel ritenere accolta) la stessa tesi che invece bisognerebbe provare, dando così luogo ad un ragionamento circolare, una tautologia (dal greco, "dire la stessa cosa"), che non aggiunge cioè nulla di nuovo alle premesse, le quali infatti vengono semplicemente reiterate nella conclusione, giocando sul fatto che sembrano più ovvie o plausibili di quest'ultima, anche se in realtà sono identiche ad essa. Costituisce, ad esempio, petizione di principio il voler ricavare l'esistenza di Dio dal fatto che ciò è affermato nella Bibbia, che è infallibile in quanto parola di Dio: in tal caso, la conclusione poggia su se stessa e, come il Barone di Munchhausen, vorrebbe uscire dalla palude tirandosi per i capelli.

A dire il vero, tuttavia, ogni ragionamento deduttivo è in realtà una tautologica petizione di principio, poiché nessuno dovrebbe ammettere, ad esempio, la tesi-premessa che tutti gli uomini sono mortali se dubitasse del fatto che Socrate è mortale, giacché la premessa presuppone che si sia verificato che anche Socrate sia mortale come tutti gli altri. Ciò non significa, tuttavia, che -proprio in quanto già contenuta nelle premesse- la conclusione deduttiva sia (tautologicamente) inutile per chi la raggiunga, così come non si può certo dire che il risultato di una sottrazione qualsiasi, anche a centinaia di cifre a virgola mobile, sia del tutto inutile sol perché già implicitamente contenuto nelle sue premesse aritmetiche da cui viene dedotto.

## § 8. La fallacia della congiunzione.

Alla domanda "credi che Tizio sia un fiorentino oppure un avvocato fiorentino?", nel dubbio bisognerebbe rispondere "fiorentino", perché la seconda opzione non può essere più probabile della prima.

A tal proposito, alcuni anni fa sono stati fatti alcuni interessanti esperimenti. Simulando una prova testimoniale, ai testi è stato chiesto "Agnelli ha un miliardo o dieci miliardi?". I testi hanno risposto "dieci", sebbene nel dubbio la prima opzione fosse quella più probabile (Agnelli avrebbe comunque un miliardo anche se ne avesse altri nove). Le ragioni addotte a sostegno e giustificazione di tale risposta fallace dei testi sono molteplici (logiche, linguistiche, psicologiche, ecc.). Ma quella forse più interessante è di tipo meta-giuridico: non basta che il teste dica la verità; deve dire TUTTA la verità. Quindi, rispondere "un miliardo" sarebbe una testimonianza per certi versi reticente, e quindi "solo" scientificamente preferibile.

## § 9. Le fallacie emotive.

La fallacia emotiva ricorre quando una tesi è ritenuta vera o falsa in base al coinvolgimento emotivo che essa suscita.

In particolare, tale fallacia può essere:

- *ad misericordiam* (o appello alla pietà), che ricorre quando si tenta di fare accettare una certa tesi all'interlocutore suscitandone la compassione;

- *ad baculum* (ossia, "del bastone"), che ricorre quando si tenta di fare accettare una certa tesi all'interlocutore facendo appello alla forza, alla paura, o alla minaccia;

- *ad consequentiam* (o appello alle conseguenze), che ricorre quando una certa tesi è ritenuta falsa o vera in base alle conseguenze cattive o, rispettivamente, buone che ne potrebbero derivare (nel primo caso, tale fallacia è detta "della brutta china").

## § 10. *Plurium interrogationum*.

Tale fallacia ricorre quando si pone una

domanda suggestiva, ossia che ne presuppone un'altra, ma nascosta.

Ad esempio, la domanda "hai rubato più di 100 euro?" non ammette una semplice risposta di tipo "sì/no", se non si è rubato affatto: quella domanda ne nasconde e presuppone una ulteriore, ossia "hai rubato?" (e presuppone altresì una risposta affermativa a tale domanda).

## § 11. La fallacia dell'evidenza soppressa.

La fallacia dell'evidenza soppressa consiste nel proporre una tesi omettendo di inserire nelle relative premesse delle informazioni che altrimenti modificherebbero la conclusione ottenuta.

Un singolare esempio di tale fallacia riguarda l'allarme, recentemente lanciato anche su Internet, circa una nuova probabile arma terroristica, rappresentata dal monossido di Diidrogeno (DHMO): "composto chimico incolore e inodore, utilizzato per il rifornimento di Centrali Nucleari, è presente in numerosi oggetti esplosivi ed è un costituente di molte sostanze nocive, tossiche ed infettive. Viene utilizzato in cliniche abortiste, nonché nei laboratori di ricerca e di sperimentazione su animali, e nella produzione e distribuzione di pesticidi; il semplice contatto col monossido (DHMO) allo stato gassoso provoca ustioni gravissime, mentre allo stato solido provoca: lacerazioni multiple, alla velocità di 40KM/ora; danni ai tessuti biologici, o addirittura la morte, in caso di inalazione anche di piccole quantità o di ingerimento in quantità eccessive; è capace di provocare l'erosione del suolo, la corrosione dei metalli, la contaminazione dei carburanti e la paralisi dei componenti elettronici".

Il Monossido di Diidrogeno (DHMO) è l'acqua.


## § 12. *Post hoc ergo propter hoc.*

Tale fallacia consiste nel ritenere che un fatto sia causa di un altro fatto esclusivamente in base al mero dato cronologico, ossia perché si è verificato prima, senza cioè soffermarsi a considerare se lo abbia anche realmente determinato.

A quest'ultimo proposito, uno dei metodi più efficaci per individuare l'eventuale nesso causale o eziologico tra due eventi è quello di provare ad eliminare (mentalmente) ciò che si reputa essere la causa e di "misurare" (valutando le evidenze nel modo più scientifico possibile) le probabilità che l'"effetto" possa comunque verificarsi, dovendo nel dubbio propendere per l'inesistenza del nesso stesso a favore, tutt'al più, di una mera correlazione.

A questo punto è utile precisare che, quando affermiamo che A causa B, intendiamo dire che A è condizione necessaria e/o sufficiente di B, con la precisazione che:

- A è condizione sufficiente di B se e solo se tutte le volte che A è presente, lo è anche B;
- A è condizione necessaria di B se e solo se tutte le volte che B è presente, lo è anche A.

Ad esempio finire sotto un rullo compressore è condizione sufficiente per morire (nel senso che tutti coloro che ci sono finiti sotto sono morti) ma non è pure condizione necessaria (nel senso che non tutti coloro che sono morti lo sono perché finiti sotto un rullo compressore). Viceversa, l'ossigeno è condizione necessaria per la combustione (giacché questa non ci sarebbe senza quello) ma non è condizione sufficiente (perché, fortunatamente, non tutte le volte che c'è ossigeno si verifica una combustione).

Ora, se intendiamo scoprire le cause al fine di PRODURRE un certo effetto, cercheremo le condizioni sufficienti; se invece intendiamo scoprire le cause al fine di PREVENIRE un certo effetto, cercheremo le condizioni necessarie.

## § 13. La fallacia dell'ancoraggio.

Quella dell'ancoraggio è una fallacia di tipo psicologico, principalmente dovuta ad istintivo conservatorismo se non a vera e propria pigrizia mentale, ed in particolare vi incorre chi, dopo essersi fatto una prima seppur sommaria impressione/opinione, a quella rimane "ancorato", arrivando a modificarla solo a fronte di un numero di ragioni esagerato o comunque maggiore di quello che sarebbe necessario se non ci fosse quell'àncora. In buona sostanza, il successivo (e magari definitivo) giudizio viene in tal caso condizionato dal precedente, ancorché superficiale, sommario o provvisorio, che viene mutato «solo se necessario», finendo così per essere reiterato ad oltranza per una sorta di inerzia. In ambito processuale, tale particolare fallacia può ad esempio riguardare: la decisione finale sull'*an*, dopo che si sia ammessa ed esperita una lunga e costosa istruttoria sul *quantum*; la sentenza sulla fondatezza dell'opposizione a decreto ingiuntivo, dopo che sia stata concessa con ordinanza la provvisoria esecutorietà in corso di causa; lo stesso giudizio d'appello, in cui la decisione impugnata venga modificata solo se contenga errori tali che non si possa fare a meno di emendare.

In un esperimento di alcuni anni fa è stato chiesto a diversi soggetti il numero delle nazioni africane membre delle Nazioni Unite; appena prima della risposta, però, veniva fatta girare una ruota numerata a caso: incredibilmente, tanto più piccolo era il numero uscito dalla ruota, quanto più bassa risultava la stima sul numero delle Nazioni Unite. L'effetto di ancoraggio è ancora maggiore quando l'àncora non è un elemento del tutto casuale e irrilevante (come nella predetta ruota numerata) ma un nostro giudizio o, addirittura, un dato reale (ad es., le vendite dell'anno passato ai fini di stimare quelle dell'anno in corso).

## § 14. Le fallacie per divisione e per composizione.

In ogni ragionamento, le qualità o proprietà di un certo soggetto possono appartenergli in quanto singolo oppure in quanto parte di un tutto. Nel primo caso si parla di proprietà "distributive": ad esempio, nel dire che "gli uomini sono mortali", si intende che ciascun uomo lo è. Nel secondo caso si parla invece di proprietà "collettive": ad esempio, nel dire che "gli uomini sono numerosi", si intende che tale proprietà può essere attribuita loro soltanto in senso collettivo, cioè complessivamente e genericamente intesi come "uomini" e non come singoli, nessuno dei quali -individualmente inteso- può essere definito "numeroso". Ebbene, la violazione di tali elementari principi dà luogo a due, simmetriche, fallacie: quella di divisione e quella di composizione.

La prima consiste nell'attribuire al tutto una proprietà di una sua parte: ad esempio, "se una piuma è leggera, lo sarà anche un quintale di piume".

La seconda consiste invece nell'attribuire

alle parti una proprietà che appartiene solo al tutto, quindi solo in senso collettivo: ad esempio, "gli indiani d'America stanno scomparendo; Tizio è un indiano d'America; Tizio sta scomparendo".

### § 15. La dicotomia falsa ed arbitraria.

La falsa dicotomia ricorre quando si suppone erroneamente che fra diverse alternative ve ne sia una vera, come ad esempio: «chi non è con noi è contro di noi; non sei con noi, quindi sei contro di noi» (potrebbe invece trattarsi di un soggetto neutrale).

La dicotomia arbitraria ricorre invece quando si ritenga, ad esempio, che "ogni cosa è rossa o non-rossa".

### § 16. Le fallacie di attendibilità.

Poiché è di fatto impossibile argomentare e confutare basandosi sempre e soltanto su ciò che si è personalmente verificato, non si può fare a meno di firmare ampie deleghe all'attendibilità altrui, così attribuendo o negando verità ad una certa tesi a seconda di chi la sostenga, e quindi rischiando di commettere le fallacie di cui appresso.

## § 16.1. La fallacia ad auctoritatem.

Tale fallacia consiste nell'allegare una certa autorità (ad es., l'opinione di un luminare), in totale sostituzione della propria argomentazione. Ovviamente, la tesi così confortata potrebbe anche essere fondata (d'altra parte, l'*ipse dixit* ha l'indubbio vantaggio di rendere inutile una troppo dispendiosa e lunga ripetizione delle esperienze), ma non è *senz'altro* vera solo perché in tal modo supportata: chi lo ritenesse incorrerebbe nella fallacia in parola, che può anche essere:

-*ad verecundiam*, allorché l'autorità invocata non abbia addirittura titolo (o non ne abbia abbastanza) in argomento, come ad esempio quando si sostenga la fondatezza di una teoria economica in quanto confermata da un famoso autore pop;

-*ad populum* o *ad judicium*, allorché si affermi o ritenga che una certa tesi è vera solo perché la maggioranza pensa che lo sia (in tal caso, l'autorità è appunto quella del popolo).

## § 16.2. La fallacia ad hominem e ad personam.

Tale fallacia consiste nel rilevare la contraddizione tra l'oratore ed i suoi stessi atti o le proprie affermazioni ovvero quelle altrui cui abbia aderito, oppure attribuendo valore determinante alle sue motivazioni, come ad esempio nel caso in cui abbia convenienza ossia non fosse disinteressato a dire ciò che afferma ("*cui prodest?*").

Come nel caso della fallacia di autorità, anche qui si attribuisce rilievo esclusivo alla reputazione di un soggetto, ma lì è per il prestigio, qui è per il discredito ("*da quale pulpito*"). La fallacia *ad hominem* è infatti speculare rispetto a quella d'autorità, poiché entrambe subordinano la verità di una tesi a fattori soggettivi negativi (*ad hominem*) o positivi (*ad auctoritatem*) essenzialmente estranei alla verità della tesi stessa.

Da un punto di vista strettamente logico, tale argomentazione è invalida, perché basata su una induzione (ad es., "se ha già mentito, mentirà") e, più precisamente, su un vero e proprio pregiudizio (una persona può essere tanto malfamata che qualsiasi cosa dica o faccia è segnato da un marchio negativo), mentre un certo argomento è vero o falso a prescindere da chi lo sostiene ("la moralità di Euclide non incide sulla validità dei suoi teoremi"). Cionondimeno, in ambito giuridico l'*argumentum* *ad* *hominem* ha un'indubbia rilevanza ove rivolto ad esempio contro un testimone con l'intento di minarne l'attendibilità. E ciò perché nel processo il fatto dichiarato dal teste è ritenuto vero sulla base della seguente presunzione: le persone chiamate a testimoniare tendono a dire la verità perché non hanno motivo (se indifferenti) di dire il falso rischiando conseguenze penali; conseguentemente, dimostrare che un teste in realtà non è indifferente (o è un ubriacone abituale) è la controprova idonea a superare la predetta presunzione.

# CAPITOLO VI

## IL RAGIONAMENTO GIURIDICO

> *Vi sono tre cose che non possiamo mai sperare di raggiungere con il ragionamento: la certezza assoluta, l'esattezza assoluta, l'universalità assoluta.*
>
> (C. S. Peirce)

## § 1. Il sillogismo giuridico.

Il sillogismo giuridico è quel particolare tipo di ragionamento a proposizioni concatenate che ha ad oggetto la giustificazione di una decisione giuridica, la quale viene generalmente perseguita attraverso il seguente metodo analitico-sintetico: partendo dal problema da risolvere (*quaestio*) si sale induttivamente verso ipotetici princìpi regolatori (c.d. analisi), e poi si inverte la direzione di marcia per scendere, mediante inferenze deduttive, dai suddetti princìpi al problema da risolvere (c.d. sintesi). Ciò avviene, peraltro, in una duplice ma complementare prospettiva, ossia interpretando non solo il caso concreto alla luce del diritto, ma anche quest'ultimo alla luce del primo, al fine di valutare entrambi in termini di pertinenza reciproca, ovverosia *adattando* -seppur ovviamente in diversa misura- il fatto alla regola e viceversa.

## § 2. La deduzione giuridica.

Anche qui, quando il sillogismo giuridico ha natura logica, è detto deduzione (giuridica), la quale non presenta particolarità strutturali rispetto a quella comune, poiché anch'essa è composta da:

- una premessa maggiore, nella specie consistente nell'astratta fattispecie legale;

- una premessa minore, nella specie consistente nella fattispecie concreta;

- una conclusione, che nella specie è la conseguenza dell'applicazione alla fattispecie concreta di quella legale, ossia la norma individuale che regola il caso specifico.

Esemplificativamente, la deduzione giuridica ha infatti la seguente struttura inferenziale:

[1] La minaccia è punita dalla legge;

[2] Questo fatto è una minaccia;

[3] Questo fatto è punito dalla legge.

In particolare, la premessa maggiore della deduzione giuridica è la cosiddetta "regola", che non è soltanto la legge in senso stretto, ma anche ogni altro precetto giuridico vincolante, come ad esempio un contratto, una sentenza, un atto amministrativo, uno statuto societario, ecc. Tale precetto però non si constata, ma si determina attraverso un sub-ragionamento, vòlto all'*individuazione* della regola stessa ("qual è, tra le tante, la regola da applicare al caso concreto?") e quindi alla sua *interpretazione* ("qual è il significato da attribuire a tale regola?"). Infatti, non solo più regole possono astrattamente disciplinare il medesimo caso (cd. conflitto di norme), ma per ciascuna regola quasi mai esiste un'unica interpretazione esatta o vera da contrapporre ad ogni altra da ritenere erronea o falsa, spesso potendosi al contrario ammettere plurime interpretazioni, tutte potenzialmente "giuste".

La premessa minore della deduzione giuridica ha invece ad oggetto la fattispecie concreta, la quale, come già abbiamo visto a proposito della premessa maggiore, non si constata ma si costruisce argomentativamente, attraverso una duplice e complementare attività: la narrazione del fatto e la sua qualificazione giuridica.

In particolare, la narrazione tendenzialmente avviene attraverso il ricorso alla c.d. "presenza", che nell'ambito del ragionamento significa esporre i fatti evidenziando e valorizzando quelli rilevanti o essenziali alla propria tesi lasciando nell'ombra gli altri, come ben rappresentato da questo famoso aneddoto: un re vide passare un bue verso il macello, ne ebbe pietà e ordinò che al suo posto fosse sacrificata una pecora; a chi gliene chiese conto, rispose che ciò era avvenuto perché aveva visto il bue ma non la pecora.

Per quanto riguarda invece la qualificazione giuridica del fatto, essa avviene mediante un procedimento, detto di sussunzione, attraverso cui, facendo leva su un parametro di somiglianza tra entità astrattamente sovrapponibili, si eleva un fatto storico concreto alla fattispecie normativa astratta, nell'implicito presupposto che il fatto sta al diritto come il reale all'ideale, ossia come "ciò che è" ovvero l'essere (*sein*), sta al "dover essere" (*sollen*). Può forse darci un'immagine di tale procedimento sussuntivo l'etimologia della parola "legittimo", che deriva da *lex* col suffisso *-timum* (vicinissimo, quasi identico): anche etimologicamente, insomma, una fattispecie concreta è quindi "legittima" se, in base ad confronto con la fattispecie astratta, appare quasi identica ossia conforme ad essa. A tal proposito si parla infatti di "gradienti" di similitudine, ossia dei "tratti" caratteristici o tipi che due entità hanno o non hanno in comune. In altri ambiti, per tale calcolo esistono delle vere e proprie teorie matematiche, che ad esempio nello studio delle specie consentono, con una certa precisione, di inserire o escludere un individuo da una certa specie a seconda delle sue caratteristiche più o meno conformi al "tipo" ideale della specie stessa. In ambito giuridico, invece, l'individuazione dei "gradienti" di similitudine tra fatto e regola è senz'altro meno "misurabile" in termini scientifici cioè di certezza, ma ciononondimeno necessaria: data la fattispecie legale M che ha i caratteri ideali P1, P2 e P3; se la fattispecie concreta S ha i caratteri concreti P1, P2 e P3; allora S = M.

La qualificazione giuridica del fatto infine non avviene sempre o soltanto attraverso il predetto confronto diretto e verticale tra il fatto stesso e la regola, ben potendo compiersi anche mediante il confronto del fatto con un altro fatto, cui una data regola è o non è applicabile. Per tale confronto (di tipo orizzontale) si utilizzano i sub-ragionamenti *a simili*, *a contrario* e *a fortiori* (che vedremo meglio oltre), attraverso cui è appunto possibile determinare la premessa minore della deduzione giuridica come segue:

*Ragionamento a simili:*

[1] la regola X si applica alla fattispecie concreta A

[2] il fatto A è simile al fatto B

[3] la regola X si applica alla fattispecie concreta B

*Ragionamento a contrario:*

[1] la regola X si applica alla fattispecie concreta A

[2] il fatto A è diverso dal fatto B

[3] la regola X non si applica alla fattispecie concreta B

*Ragionamento a fortiori:*

**[1]** la regola X si applica alla fattispecie concreta A

**[2]** il fatto A è maggiore (più grave, comprende) il fatto B

**[3]** la regola X si applica alla fattispecie concreta B.

Di tali ragionamenti ci occuperemo in dettaglio nei paragrafi successivi.

### § 2.1. L'argomento a fortiori (o a maggior ragione).

L'argomento *a fortiori* è un particolare tipo di deduzione giuridica e si basa sul principio di transitività, che è una proprietà formale di alcune relazioni (uguaglianza, superiorità, ecc.), in forza della quale ad esempio, se A è maggiore di B, e B è a sua volta è maggiore di C, può argomentarsi (*recte*: dedursi) che A sia maggiore di C.

Tale argomento si fonda (non sulla somiglianza delle fattispecie, come per l'analogia, né sulla loro diversità come per l'argomento *a contrario*, ma) su una gerarchia di valori ("più", "meno"), in forza della quale se una certa affermazione vale per il valore più grande, "a maggior ragione" varrà per quello più piccolo; e se non vale per quello "tanto meno" varrà per questo (rispettivamente: "il più è compreso nel meno"; "il meno è compreso nel più"). L'argomento *a fortiori* si distingue infatti in:

1) "*a maiori ad minus*", in cui si estende una regola permissiva/autorizzativa ad ipotesi da essa non previste ma relative ad atti meno importanti: ad es., se una norma prevede che chi possiede a giusto titolo e in buon fede un immobile per 10 anni ne acquista la proprietà, allora può argomentarsi *a fortiori* che alle stesse condizioni si possano acquistare anche dei diritti reali minori rispetto alla proprietà (ad es., l'usufrutto);

2) "*a minori ad majus*", in cui si estende una regola proibitiva ad ipotesi che essa non prevede ma relativa ad atti più importanti di quelli espressamente proibiti: ad es., se una norma vieta agli interdetti l'esercizio dei diritti civili, allora *a fortiori* deve ritenersi a loro vietato l'esercizio dei diritti politici.

La confutazione di un tale argomento avviene generalmente attraverso una tecnica di rottura che consiste nel contestare la regola di transitività (che appunto si assume invocata erroneamente), ossia rifiutando la prospettata gerarchia di valori. Ad esempio, se la squadra di calcio A ha battuto la squadra di calcio B, e questa ha a sua volta battuto la squadra di calcio C, sarebbe agevolmente confutabile la conclusione secondo cui la squadra A allora vince senz'altro sulla squadra C. A tal proposito, però, vale forse la pena di precisare che l'errore fatto valere da tale confutazione non è di tipo logico, ossia non riguarderebbe la validità del ragionamento confutato bensì la verità delle sue premesse: in altri termini, il fatto che la squadra A abbia battuto la squadra B non significa infatti che essa la batterebbe sempre e cioè che è senz'altro più forte di quella in assoluto (potrebbe averla battuta per un errore dell'arbitro, del portiere, ecc.).

## § 3. L'induzione giuridica.

Sebbene conducano a conclusioni non logiche e quindi non necessarie ma soltanto plausibili (ossia possibili o probabili), i ragionamenti induttivi rivestono grande importanza (anche) nel mondo del diritto, se non altro allorché conducano a conclusioni comunque ragionevoli, ed in quanto tali preferibili all'alternativa di una totale mancanza di una qualsivoglia decisione (il che in ambito giuridico spesso significherebbe dover rinunciare *tout court* al processo stesso e quindi alla risoluzione non violenta delle controversie).

Ebbene, come abbiamo già visto trattando del ragionamento in generale, a differenza della deduzione giuridica (i cui enunciati abbiamo *supra* presentato nell'ordine **[1]** **[2]** **[3]**), l'induzione giuridica ha esemplificativamente la seguente struttura inferenziale:

**[2]** Questo fatto è una minaccia;

**[3]** Questo fatto è punito dalla legge;

**[1]** La minaccia è punita dalla legge.

Costituiscono particolari esempi di ragionamento induttivo l'argomento *a simili* e quello *a contrario*.

L'argomento *a simili* -espresso dal brocardo *lex minus dixit quam voluit*- è quel ragionamento (non logico) con cui si sostiene che una data regola (sia essa un obbligo o un divieto) relativa espressamente ad una certa fattispecie, può essere applicata ad una fattispecie simile ovvero analoga non espressamente disciplinata dall'ordinamento a causa di una lacuna, ma che secondo giustizia meriterebbe lo stesso trattamento di quella. Tale argomento risponde infatti alla regola di giustizia formale, che richiede un trattamento uguale per situazioni essenzialmente eguali. Ad esempio: data una fattispecie particolare X con caratteristiche "a-b-c", sarebbe possibile trovare un'analogia con la fattispecie altrettanto particolare Y avente caratteristiche "a-b-[?]".

L'argomento *a contrario* -espresso dal brocardo *ubi lex voluit, dixit; ubi noluit, tacuit*- è invece quel ragionamento (non logico) con cui si sostiene che una data regola (sia essa un obbligo o un divieto) relativa espressamente ad una certa fattispecie, non può essere applicata ad una fattispecie dissimile. Tale argomento conduce quindi a risultati opposti rispetto all'analogia, ma non vi è alcun criterio certo per giustificare il ricorso all'uno o all'altra.

## § 4. L'abduzione giuridica.

A differenza della deduzione giuridica (i cui enunciati abbiamo *supra* presentato nell'ordine [1] [2] [3]) e dell'induzione giuridica (i cui enunciati abbiamo *supra* presentato nell'ordine [2] [3] [1]), l'abduzione giuridica ha, esemplificativamente, la seguente struttura inferenziale:

[1] La minaccia è punita dalla legge;

[3] Questo fatto è punito dalla legge;

[2] Questo fatto è una minaccia.

In ambito giuridico, all'abduzione si fa per lo più ricorso per stabilire e motivare, soprattutto in giudizio, l'esistenza o meno di un ipotetico nesso causale: a tal fine, i penalisti parlano di "probabilità logica" (Cass. penale, sez. un., n. 30328/2002 - c.d. sentenza Franzese), mentre i civilisti di "probabilità razionale" (Cass. civile, n. 10285/2009), forse per provare a sfuggire così all'ossimoro della compresenza, in quell'unico concetto, della EVENTUALITA' di ciò che è probabile, e della NECESSITA' di ciò che è logico. Tralasciando comunque l'accennata contraddizione in termini dell'espressione (giacché essa si basa su violazioni di mere convenzioni linguistiche, peraltro già messe in discussione anche da autorevoli logici e filosofi, come Carnap e Popper), in questa sede mi pare più interessante valutare la *ratio* dell'espressione in parola e, più precisamente, il motivo per cui la giurisprudenza ha sentito il bisogno di richiamarsi al concetto stesso di "probabilità logica o razionale". A tal fine, è senz'altro opportuno partire proprio da ciò che i giuristi comunemente chiamano "prova logica" (cfr., ad es., Cass. n. 26171/2006) intendendo con ciò riferirsi alle presunzioni di cui all'art. 2729 c.c., ossia a quel procedimento inferenziale di tipo abduttivo (quindi non deduttivo e perciò, ad onta del nome, non logico) con cui è possibile risalire ad un fatto ignoto partendo da un fatto noto, grazie a criteri probabilistici, riassunti nel noto brocardo dell'*id quod plaerumque accidit* ("ciò che generalmente accade"). V'è subito da dire, però, che tali inferenze congetturali, cui tanto spesso si ricorre nelle aule di giustizia, altrettanto frequentemente appaiono ingiustificate scientificamente, perché legate a ciò che è ritenuto verosimile (dal Giudice o dalla Legge), secondo un criterio di normalità che tuttavia non è quasi mai verificato da un punto di vista propriamente statistico, che infatti richiederebbe quantomeno di conoscere (e applicare) la complessa formula matematica del cd. Teorema di Bayes, con la quale soltanto sarebbe possibile risolvere, correttamente da un punto di vista probabilistico, casi come questo:

*Un taxi cittadino ha provocato un incidente notturno con omissione di soccorso; in città ci sono due compagnie di taxi: i taxi verdi e quelli blu; un teste oculare ha identificato come blu il taxi coinvolto nell'incidente. Quale compagnia di taxi deve ritenersi responsabile del sinistro?*

Ebbene, sapendo che i taxi blu sono il 15% del totale, pur attribuendo alla dichiarazione testimoniale una elevata attendibilità (diciamo dell'80%), grazie alla citata equazione di Bayes è possibile concludere che la probabilità che quel taxi fosse veramente blu, come dichiarato dal teste, è di <u>appena il 41%</u>, quindi meno della metà, ossia una percentuale che non soddisfarebbe certo il criterio civilistico del "più probabile che non", né quello penalistico della "colpevolezza oltre ogni ragionevole dubbio", come appunto sarebbe necessario per le relative pronunce di condanna. Ma, come può già iniziare ad intuirsi, la rigida applicazione dei citati criteri statistici, per quanto formalizzati in rigorose formule scientifiche, rischia spesso di condurre a risultati non solo controintuitivi, ma addirittura paradossali. Per rendere più esplicita questa intuizione, basta rimanere nel citato esempio dei taxi, mutando però prospettiva: non più quella "assolutoria" (che ci ha appena consentito di escludere la responsabilità della società dei taxi blu perché statisticamente pari ad appena il 41%), ma "accusatoria", che -per ragioni evidentemente simmetriche- dovrebbe farci ritenere statisticamente responsabile la società dei taxi verdi (59%), e ciò in una sorta di automatismo fondato sull'oggettivo dato matematico del più elevato numero dei taxi in circolazione. Più precisamente, grazie a tale mutata prospettiva, la citata società dei taxi verdi dovrebbe allora ritenersi sempre (presuntivamente) responsabile in tutti i sinistri che coinvolgano taxi cittadini rimasti anonimi, per il solo fatto di far circolare in città un numero maggiore di taxi rispetto a quelli blu, e ciò dovrebbe valere

-più in generale- per qualunque altra fattispecie e per chiunque si trovasse nelle stesse condizioni numeriche della società di taxi verdi. Ma ciò sarebbe allora paradossale (è il c.d. paradosso di Cohen, detto *Gate Crasher's Paradox*), giacché se tale criterio meramente numerico informasse tutti i giudizi indiziari, verrebbe di fatto stabilita una presunzione di colpevolezza sulla base di meri dati numerici che non hanno di per sè alcuna immediata rilevanza causale. Da questo angolo visuale, appare quindi chiaro che la (pura e sola) statistica non basta al processo giuridico, ove automatismi del genere non possono essere ovviamente tollerati, né da chi dovrebbe applicarli né, soprattutto, da chi dovrebbe subirli. Appare allora effettivamente opportuno distinguere il probabile dal provabile, cioè il ragionamento puramente probabilistico da quello in concreto impiegato dal Giudice, cui infatti -secondo la giurisprudenza con cui abbiamo aperto questo paragrafo- "non è consentito dedurre dal coefficiente di probabilità espresso dalla legge statistica" alcuna automatica conseguenza giuridica, che il giudice può perciò di volta in volta ricavare in base al convincimento che si sia formato liberamente sulla scorta di una valutazione "ragionevole" del quadro probatorio, e quindi stabilendo autonomamente "l'elevato grado di credibilità razionale" della propria conclusione giuridica, proprio attraverso quella probabilità che si è deciso di chiamare "logica" o, meglio ancora, "razionale", al fine di proclamarla distinta e indipendente da quella "statistica", cioè *meramente* scientifica.

## APPENDICE: La tavola dei sillogismi.

**Legenda:** + = tutti/ogni; − = nessuno; ± = almeno alcuni/qualche (ossia: "se non tutti, di certo alcuni"; nella tabella, a volte, al fine di chiarire meglio il simbolo ±, per sottolineare che si tratta di "ALMENO qualche", nella conclusione verrà utilizzato il simbolo ±!).

Suggerimento per l'uso della tabella:

1) individuare nel proprio sillogismo di interesse (ad esempio: ogni uomo è mortale, Socrate è un uomo, quindi Socrate è mortale) qual è il termine che si ripete nelle premesse (nella specie: uomo); 2) attribuire a quel termine la lettera B; 3) l'altro termine della premessa maggiore sarà A; 4) l'altro termine della premessa minore sarà C. Si è in tal modo trasformato il sillogismo in sillogismo simbolico (nella specie: +B è A +C è B, quindi +C è A) sicché non resta che individuare tale ultimo sillogismo nella tabella, sapendo altresì che l'ordine dei simboli combinati è: + (tutti/ogni), − (nessuno), ± = (alcuni/qualche). NB: Nella prima colonna della tabella è indicato in modo progressivo il numero del sillogismo; nella stessa

colonna, il secondo numero, cioè quello tra parentesi, indica il sillogismo simmetrico, ossia quello a termini invertiti (che dà la medesima soluzione simbolica cioè formale).

| N. | Sillogismo | Figura |
|---|---|---|
| 1 (34) | +A è B<br>+B è C<br>-----------<br>+A è C<br>±C è A | |
| 2 (2) | +A è B<br>+C è B<br>-----------<br>Invalido | |
| 3 (42) | +A è B<br>-B è C<br>-----------<br>-A è C<br>-C è A | |
| 4 (10) | +A è B<br>-C è B<br>-----------<br>-C è A<br>-A è C | |

| | | |
|---|---|---|
| 5<br>(50) | **+A è B**<br>**±B è C**<br>----------<br>invalido | |
| 6<br>(18) | **+A è B**<br>**±C è B**<br>----------<br>±C non è A | |

| 7<br>(58) | **+A è B**<br>**±B non è C**<br>-----------<br>invalido | |
|---|---|---|
| 8<br>(26) | **+A è B**<br>**±C non è B**<br>-----------<br>±C non è A | |

| | | |
|---|---|---|
| 9<br>(36) | **-A è B**<br>**+B è C**<br>----------<br>±!C non è A | |
| 10<br>(4) | **-A è B**<br>**+C è B**<br>----------<br>- a è c<br>-C è A | |
| 11<br>(44) | **-A è B**<br>**-B è C**<br>----------<br>invalido | |

| | | |
|---|---|---|
| 12 (12) | **-A è B** **-C è B** ---------- invalido | |
| 13 (52) | **-A è B** **±B è C** ---------- ±!C non è A | |
| 14 (20) | **-A è B** **±C è B** ---------- ±!C non è A | |

| | | |
|---|---|---|
| 15 (60) | **-A è B** **±B non è C** ---------- invalido | |
| 16 (28) | **-A è B** **±C non è B** ---------- invalido | |
| 17 (38) | **±A è B** **+B è C** ---------- ±Λ è C ±C è A | |
| 18 (6) | **±A è B** **+C è B** ---------- ±a non è c | |

| | | |
|---|---|---|
| 19 (46) | **±A è B** **-B è C** ---------- ±a non è c | |
| 20 (14) | **±A è B** **-C è B** ---------- ±!A non è C | |
| 21 (54) | **±A è B** **±B è C** ---------- invalido | |

| | | |
|---|---|---|
| 22<br>(22) | **±A è B**<br>**±C è B**<br>-----------<br>invalido | |
| 23<br>(62) | **±A è B**<br>**±B non è C**<br>-----------<br>invalido | |
| 24<br>(30) | **±A è B**<br>**±C non è B**<br>-----------<br>invalido | |

| | | |
|---|---|---|
| 25 (40) | **±A non è B** **+B è C** ----------- ±A è C | |
| 26 (8) | **±A non è B** **+C è B** ----------- ±a non è c | |
| 27 (48) | **±A non è B** **-B è C** ----------- invalido | |
| 28 (16) | **±A non è B** **-C è B** ----------- invalido | |

| | | |
|---|---|---|
| 29 (56) | **±A non è B** **±B è C** ---------- invalido | |
| 30 (56) | **±A non è B** **±C è B** ---------- invalido | |
| 31 (64) | **±A non è B** **±B non è C** ---------- invalido | |

| 32<br>(32) | ±A non è B<br>±C non è B<br>-----------<br>invalido | |
|---|---|---|
| 33<br>(33) | +B è A<br>+B è C<br>-----------<br>±!a è c<br>±!c è a | |
| 34<br>(1) | +B è A<br>+C è B<br>-----------<br>+c è a<br>±A è C | |

| 35<br>(41) | **+B è A**<br>**-B è C**<br>-----------<br>±!A non è C | |
|---|---|---|
| 36<br>(9) | **+B è A**<br>**-C è B**<br>-----------<br>±!A non è C | |
| 37<br>(49) | **+B è A**<br>**±B è C**<br>-----------<br>±A è C<br>±C è A | |
| 38<br>(17) | **+B è A**<br>**±C è B**<br>-----------<br>±C è A<br>±A è C | |

| | | |
|---|---|---|
| 39<br>(57) | **+B è A**<br>**±B non è C**<br>-----------<br>±C è A<br>±A è C | |
| 40<br>(25) | **+B è A**<br>**±C non è B**<br>-----------<br>±C è A<br>±A è C | |
| 41<br>(35) | **-B è A**<br>**+B è C**<br>-----------<br>±!C non è A | |
| 42<br>(3) | **-B è A**<br>**+C è B**<br>-----------<br>-C è A<br>-A è C | |
| 43<br>(43) | **-B è A**<br>**-B è C**<br>-----------<br>invalido | |

| 44 (11) | **-B è A** **-C è B** ----------- invalido | |
|---|---|---|
| 45 (51) | **-B è A** **±B è C** ----------- ±!C non è A | |
| 46 (19) | **-B è A** **±C è B** ----------- ±!C non è A | |

| 47<br>(59) | -B è A<br>±!B non è C<br>-----------<br>invalido | |
|---|---|---|
| 48<br>(27) | -B è A<br>±!C non è B<br>-----------<br>invalido | |

| 49 (37) | **±B è A** **+B è C** ------------ ±C è A ±A è C | |
|---|---|---|
| 50 (5) | **±B è A** **+C è B** ------------ invalido | |
| 51 (45) | **±B è A** **-B è C** ------------ ±!A non è C | |

| | | |
|---|---|---|
| 52<br>(13) | **±B è A**<br>**-C è B**<br>-----------<br>±!A non è C | |
| 53<br>(53) | **±B è A**<br>**±B è C**<br>-----------<br>invalido | |
| 54<br>(21) | **±B è A**<br>**±C è B**<br>-----------<br>invalido | |

| | | |
|---|---|---|
| 55 (61) | **±B è A** **±B non è C** ----------- invalido | |
| 56 (29) | **±B è A** **±C non è B** ----------- invalido | |
| 57 (39) | **±B non è A** **+B è C** ----------- ±A è C ±!A non è C ±C è A ±C non è A | |

117

| 58 (7) | ±B non è A +C è B ---------- invalido | |
|---|---|---|
| 59 (47) | ±!B non è A -B è C ---------- invalido | |

| 60 (15) | ±!B non è A -C è B ----------- invalido | |
|---|---|---|
| 61 (55) | ±B non è A ±B è C ----------- invalido | |
| 62 (23) | ±B non è A ±C è B ----------- invalido | |

| 63<br>(63) | ±B non è A<br>±B non è C<br>----------<br>invalido | |
|---|---|---|
| 64<br>(31) | ±B non è A<br>±C non è B<br>----------<br>invalido | |

**BIBLIOGRAFIA**

1. **Adorno Francesco,** *I sofisti,* in Enciclopedia multimediale delle scienze filosofiche, web URL: http://www.conoscenza.rai.it/site/it-IT/? ContentID=835&Guid=be57f90f6d6d4c16b115777ca1 da2503

2. **Agostini Franco,** *Le stravaganze della logica. Giochi, aneddoti, paradossi e teorie per allenarsi a pensare,* Mondadori.

3. **Ait Lorenzo - Re Stefano,** *Mindfucking 2 - Nuove istruzioni per fottere la mente,* Castelvecchi.

4. **Alexy Robert,** *Teoria dell'argomentazione giuridica. La teoria del discorso razionale come teoria della motivazione giuridica,* Giuffrè.

5. **Allen Paulos John,** *Penso, dunque rido. L'altra faccia della filosofia,* Feltrinelli.

6. **Aloisio Roberto,** *L'avvocato tra verità e segreto,* in La previdenza forense, n. 2/2010, pag. 120 e ss., Il Sole 24 Ore.

7. **Alpa Guido,** *L'arte di giudicare,* Laterza.

8. **Amato Nicolò,** *Logica simbolica e diritto,* Giuffrè.

9. **Anchisi Roberto - Gambotto Dessy Mia,** *Non solo comunicare. Teoria e pratica del comportamento assertivo,* Cortina.

10. **Antomarini Brunella,** *Pensare con l'errore. Il bersaglio mobile della conoscenza,* Codice Edizioni.

11. **Aristotele,** *Della interpretazione,* BUR Biblioteca Univ. Rizzoli.

12. **Aristotele,** *Le confutazioni sofistiche,* BUR Biblioteca Univ. Rizzoli.

13. **Aristotele,** *Retorica - Poetica,* Laterza.

14. **Aristotele,** *Retorica e poetica,* UTET.

15. **Aristotele,** *Retorica,* Mondadori.

16. **Associazione Giovani Avvocati di Firenze,** *Arte della persuasione e processo. Atti del Convegno organizzato dalla Associazione*

giovani avvocati di Firenze con il contributo dell'Ordine degli avvocati di Firenze: Firenze, 28-29 novembre 1997 (convegno).

17. **Austen Jane**, *Persuasione*, Theoria.
18. **Ayer Alfred Jules**, *Linguaggio, verità e logica*, Feltrinelli.
19. **Baillargeon Normand**, *Piccolo manuale di autodifesa intellettuale*, Apogeo.
20. **Barilli Renato**, *Corso di retorica*, Mondadori.
21. **Barthes Roland**, *La retorica antica*, Bompiani.
22. **Bastianello Alessandro – De Riso Angelo**, *Difesa e dibattimento penale. Suggerimenti argomentativi*, Giuffrè.
23. **Battistini Andrea**, *La sapienza retorica di Giambattista Vico*, Guerini.
24. **Battistini Andrea - Raimondi Ezio**, *Le figure della retorica. Una storia letteraria italiana*, Einaudi.
25. **Bell Gordon**, *Come farsi ascoltare. Come parlare in pubblico anche per lavoro*, Franco Angeli.
26. **Beltrani Martino**, *Gli strumenti della persuasione. La saggezza retorica e l'educazione alla democrazia*, Morlacchi Editore.
27. **Bencivelli Silvia - Serra Barbara**, *Cervello - Tecniche di persuasione*, in Rai.tv Scienze del 29/08/2011 (http://www.youtube.com/watch?v=9lU8gAyppsw&feature=player_embedded)
28. **Benoit Alain**, *L'arte della sintesi. Nei rapporti, discorsi, riunioni, lezioni, interviste*, Franco Angeli.
29. **Berselli Luigi – Testi Claudio A.**, *Dimostrazione e induzione in Tommaso d'Aquino*, Tipografia Commerciale.
30. **Bertea Stefano**, *Certezza del diritto e argomentazione giuridica*, Rubbettino.
31. **Berthoz Alain**, *La scienza della decisione*, Codice Edizioni.
32. **Bert Giorgio - Quadrino Silvana**, *L'arte di comunicare*, CUEN.

33. **Berto Francesco**, *L'esistenza non è logica. Dal quadrato rotondo ai mondi impossibili*, Laterza.

34. **Bessone Mario** (a cura di), *L'attività del giudice. Mediazione degli interessi e controllo delle attività*, Giappichelli.

35. **Bettetini Maria**, *Breve storia della bugia. Da Ulisse a Pinocchio*, Cortina Raffaello.

36. **Binmore Ken**, *Teoria dei giochi*, Codice editore.

37. **Birkenbihl Vera F.**, *L'arte d'intendersi, ovvero come imparare a comunicare meglio*, Franco Angeli.

38. **Birkenbihl Vera F.**, *La tecnica delle domande. Training rapido per avere successo nei colloqui e nelle trattative*, Franco Angeli.

39. **Bobbio Norberto**, *Teoria generale del diritto*, Giappichelli.

40. **Bonanni Massimo**, *Discutere e decidere*, Guerini Scientifica.

41. **Bonazzi Mauro** (a cura di), *I sofisti*, BUR Biblioteca Univ. Rizzoli.

42. **Bonicelli Emilio - Comari Adolfo M.**, *I segreti della comunicazione. I cinque strumenti per avere successo nei rapporti, convincere gli altri, ottenere il massimo dai collaboratori*, Il Sole 24 Ore Management.

43. **Boniolo Giovanni - Vidali Paolo**, *Strumenti per ragionare*, Mondadori Bruno.

44. **Bonomi Andrea**, *La struttura logica del linguaggio*, Bompiani.

45. **Boole George**, *Indagine sulle leggi del pensiero – Su cui sono fondate le teorie matematiche della logica e della probabilità*, Einaudi.

46. **Borella Vittoria M.**, *Comunicare, persuadere, convincere. Come ottenere dagli altri quello che si vuole con le tecniche di programmazione neurolinguistica*, Franco Angeli.

47. **Borutti Silvana - Fonnesu Luca**, *La verità.*

*Scienza, filosofia, società*, Il Mulino.

48. **Bottiroli Giovanni**, *Retorica. L'intelligenza figurale nell'arte e nella filosofia*, Bollati Boringhieri.

49. **Bozek Phillip E.**, *Comunicare con efficacia. 50 regole pratiche per migliorare riunioni, documenti, presentazioni*, Franco Angeli Editore.

50. **Breton Philippe**, *Elogio della parola. Il potere della parola contro la parola del potere*, Elèuthera.

51. **Breton Philippe**, *L'argomentazione nella comunicazione*, Mimesis.

52. **Brockman John**, *Non è vero ma ci credo. Intuizioni non provate, future verità*, Il Saggiatore.

53. **Bruce Colin**, *Sherlock Holmes e le trappole della logica*, Raffaello Cortina.

54. **Cagnoni Donatella**, *Teoria della dimostrazione*, Feltrinelli.

55. **Calamandrei Piero**, *Elogio dei giudici scritto da un avvocato*, Ponte alle Grazie.

56. **Calogero Guido**, *La logica del giudice e il suo controllo in Cassazione*, CEDAM.

57. **Campanale Anna M.**, *Razionalità scientifica e razionalità giuridica. Profili introduttivi*, Giappichelli.

58. **Cancelli Filippo**, *Complemento de La Retorica a Gaio Erennio*, Aracne.

59. **Canseco Juan**, *Ragionare con chiarezza*, Giunti Editore.

60. **Carchia Gianni**, *Retorica del sublime*, Laterza.

61. **Carponi Schittar Domenico**, *Il processo come arte. Linee guida per un'efficace attività forense*, Giuffrè.

62. **Carponi Schittar Domenico**, *La persuasione del giudice attraverso gli esami e i controesami*, Giuffrè.

63. **Cartesio** (Descartes René), *Discorso sul metodo. Per ben condurre la propria ragione e ricercare la verità nelle scienze*, Mondadori.

64. **Casacchia Giorgio**, *I 36 stratagemmi. L'arte cinese di vincere*, Guida editori.

65. **Casalegno Paolo**, *Filosofia del linguaggio. Un'introduzione*, NIS - La Nuova Italia Scientifica.

66. **Castellani Francesca - Montecucco Luisa**, *Normatività logica e ragionamento di senso comune*, Il Mulino.

67. **Catellani Patrizia**, *Il giudice esperto. Psicologia cognitiva e ragionamento giudiziario*, Il Mulino.

68. **Cattani Adelino**, *Botta e risposta. L'arte della replica*, Il Mulino.

69. **Cataudella Antonio**, *Fattispecie e fatto*, in Enc. Dir., XVI, *ad vocem*, pag. 926 e ss., Giuffrè.

70. **Cavalla Francesco**, *Retorica, processo, verità*, Cedam.

71. **Cavalla Francesco**, *Retorica processo verità. Principi di filosofia forense*, Franco Angeli.

72. **Cavarero Adriana**, *Filosofia e narrazione*, in Enciclopedia Multimediale delle scienze filosofiche - L'universo della conoscenza (progetto di Renato Parascandolo), Edizioni RAI, http://www.conoscenza.rai.it/site/it-IT/?ContentID=604&Guid=85fff3abb10b40b1be479df5bba439b5

73. **Cavazza Nicoletta**, *Comunicazione e persuasione*, Il Mulino.

74. **Cellucci Carlo**, *Le ragioni della logica*, Laterza.

75. **Chittaro Luca**, *Appelli alla paura: alcuni piccoli segreti della persuasione di massa*, http://lucachittaro.nova100.ilsole24ore.com/2010/11/appelli-alla-paura-alcuni-piccoli-segreti-della-persuasione-di-massa.html

76. **Chittaro Luca**, *Informazione Placebo (e suo uso nella persuasione)*, http://lucachittaro.nova100.ilsole24ore.com/2011/04/informazione-placebo-e-suo-uso-nella-

persuasione.html

77. **Chittaro Luca,** *Mimare l'interlocutore rende più graditi e persuasivi (anche gli umanoidi!),*
http://lucachittaro.nova100.ilsole24ore.com/2
011/01/mimare-linterlocutore-rende-pi%C3%B9-
graditi-e-persuasivi-anche-gli-umanoidi.html

78. **Chittaro Luca,** *Tasse: differenze fra uomini e donne nel venire persuasi a dichiarare i redditi,*
http://lucachittaro.nova100.ilsole24ore.com/2
011/07/tasse-differenze-fra-uomini-e-donne-
nel-venire-persuasi-a-dichiarare-i-
redditi.html

79. **Chittaro Luca,** *Tecnologie Persuasive: una veloce introduzione,* in Il Sole 24 ore (inserto Nòva) di domenica 31 Luglio 2011,
http://lucachittaro.nova100.ilsole24ore.com/2
011/08/tecnologie-persuasive-una-veloce-
introduzione.html

80. **Cialdini Robert B.,** *Le armi della persuasione,* Giunti.

81. **Cicerone Marco Tullio,** *De oratore,* Rizzoli.

82. **Cicerone Marco Tullio,** *L'arte di comunicare,* Mondadori.

83. **Classen Carl J.,** *Diritto, retorica, politica. La strategia retorica di Cicerone,* Il Mulino.

84. **Cohen Carl - Copi Irving M.,** *Introduzione alla logica,* Il Mulino.

85. **Colli Giorgio,** *Gorgia e Parmenide,* Adelphi.

86. **Comanducci Paolo - Guastini Riccardo,** *L'analisi del ragionamento giuridico,* Giappichelli.

87. **Constant Benjamin - Kant Immanuel,** *Il diritto di mentire,* Passigli.

88. **Corneli Alessandro,** *L'arte di vincere. Antologia del pensiero strategico,* Guida editori.

89. **Corneli Alessandro,** *Sun Tzu - L'arte della Guerra,* Guida editori.

90. **Cosenza Paolo,** *L'identità del medio nel primo*

*modo della prima figura sillogistica secondo Aristotele*, Rubbettino.

91. **Cialdini Robert B. - Goldstein Noah J. - Martin Steve J.**, *Cinquanta segreti della scienza della persuasione*, TEA Editore.

92. **Comari Adolfo M. - Bonicelli Emilio**, *I segreti della comunicazione. I cinque strumenti per avere successo nei rapporti, convincere gli altri, ottenere il massimo dai collaboratori*, Il Sole 24 Ore Management.

93. **Copi Irving M. - Cohen Carl**, *Introduzione alla logica*, Il Mulino.

94. **Costanzo Angelo**, *L' argomentazione giuridica*, Giuffrè.

95. **De Cataldo Neuburger Luisella**, *Trattato della menzogna e dell'inganno. Con appendice di aggiornamento*, Giuffrè.

96. **De Gourmont Rémy**, *Retorica e stile*, Alinea.

97. **De Laplace Pierre Simon**, *Saggio filosofico sulle probabilità*, Theoria.

98. **De Luca Giovanni Battista**, *Lo stile legale. Storia dell'Avvocatura in Italia*, Il Mulino.

99. **De Luca Pasquale**, *Da Pitagora al 'mostro di Firenze' - La ricerca della verità in filosofia e nel processo penale*, Giuffrè.

100. **De Mauro Tullio**, *Guida all'uso delle parole. Come parlare e scrivere semplice e preciso per capire e farsi capire - Uno stile italiano*, Editori riuniti.

101. **De Riso Angelo - Bastianello Alessandro**, *Difesa e dibattimento penale. Suggerimenti argomentativi*, Giuffrè.

102. **Di Donato Flora**, *La costruzione giudiziaria del fatto. Il ruolo della narrazione nel "processo"*, Franco Angeli.

103. **Di Giovanni Piero**, *Platone e la dialettica*, Laterza.

104. **Dummett Michael**, *Filosofia della logica*, in Enciclopedia multimediale delle scienze filosofiche, web URL: http://www.conoscenza.rai.it/site/it-IT/?

ContentID=756&Guid=2c6959ea59664400ba002e3b08
103bf0

105. **D'Agostini Franca,** *Verità avvelenata. Buoni e cattivi argomenti nel dibattito pubblico,* Bollati Boringhieri.

106. **D'Amato Vittorio,** *L'arte del dialogo. Per migliorare la qualità delle nostre comunicazioni e conversazioni, per comprendere meglio noi stessi e gli altri,* Franco Angeli.

107. **D'Oriano Pietro,** *Fragilità del logos. Analisi del saggio* Il pensiero di *F. L. G. Frege,* Lithos.

108. **Eco Umberto,** *I limiti dell'interpretazione,* Bompiani.

109. **Eco Umberto,** *Il segno dei tre, Holmes, Dupin, Peirce,* Bompiani.

110. **Eco Umberto,** *Interpretazione e sovrainterpretazione,* Bompiani.

111. **Eco Umberto,** *Le ragioni della retorica. Retorica: verità, opinione, persuasione* (Atti del Convegno tenutosi a Cattolica il 22 febbraio-20 aprile 1985), Mucchi Editore.

112. **Ellero Maria Pia,** *Introduzione alla retorica,* Sansoni Editore.

113. **Ellero Maria Pia - Residori Matteo,** *Breve manuale di retorica,* Sansoni Editore.

114. **Engel Pascal - Rorty Richard,** *A cosa serve la verità?,* Il Mulino.

115. **Esser Josef,** *Precomprensione e scelta del metodo nel processo di individuazione del diritto,* Edizioni Scientifiche Italiane.

116. **Falzea Angelo,** *Apparenza,* in Enc. Dir., II, *ad vocem,* pag. 682 e ss., Giuffrè.

117. **Ferrari Gianfranco A.,** *La retorica fra scienza e professione legale. Questioni di metodo,* Giuffrè.

118. **Florescu Vasile,** *La retorica nel suo sviluppo storico,* Il Mulino.

119. **Fonnesu Luca - Borutti Silvana,** *La verità. Scienza, filosofia, società,* Il Mulino.

120. **Foucault Michel,** *L'ordine del discorso (e altri interventi),* Einaudi.
121. **Frege Gottlob F.L.,** *Ricerche logiche,* Guerini e associati.
122. **Frixione Marcello,** *Come ragioniamo,* Laterza.
123. **Galavotti M. Carla,** *Probabilità,* La Nuova Italia.
124. **Garbolinon Paolo,** *I fatti e le opinioni. La moderna arte della congettura,* Laterza.
125. **Gardner Howard,** *Cambiare idee. L'arte e la scienza della persuasione,* Feltrinelli.
126. **Gavazzi Giacomo,** *Logica giuridica,* in Noviss. Dig. It., vol. 9, pag. 1062, Utet.
127. **Gianformaggio Letizia,** *Filosofia del diritto e ragionamento giuridico,* Giappichelli.
128. **Gianformaggio Letizia,** *In difesa del sillogismo pratico. Ovvero alcuni argomenti kelseniani alla prova,* Giuffrè.
129. **Giannantoni Gabriele,** *Socrate e la scienza,* in Enciclopedia multimediale delle scienze filosofiche, web URL: http://www.conoscenza.rai.it/site/it-IT/? ContentID=675&Guid=781145b8c2e7425c885f9e1d66 2ed5c7
130. **Gigerenzer Gerd,** *Decisioni intuitive, Quando si sceglie senza pensarci troppo,* Raffaello Cortina.
131. **Girotto Vittorio,** *Il ragionamento,* Il Mulino.
132. **Gitomer Jeffrey,** *Il libretto verde della persuasione. Parlare e scrivere, comunicare e convincere gli altri,* Sperling & Kupfer.
133. **Giuliani Alessandro,** *Il concetto di prova. Contributo alla logica giuridica,* Giuffrè.
134. **Giuliani Alessandro,** *Logica del diritto (teoria dell'argomentazione),* in Enc. Dir., XXV, ad vocem, pag. 13 e ss., Giuffrè.
135. **Glymour Clark,** *Dimostrare, credere, pensare. Introduzione all'epistemologia,* Cortina Raffaello.
136. **Goldstein Noah J. - Martin Steve J. - Cialdini Robert B.,** *Cinquanta segreti della scienza*

*della persuasione*, TEA Editore.

137. **Gometz Gianmarco**, *La certezza giuridica come prevedibilità*, Giappichelli.

138. **Grassi Ernesto**, *Potenza dell'immagine. Rivalutazione della retorica*, Guerini.

139. **Grothe Mardy**, *Ossimori, paradossi e altre perle di saggezza. Prontuario di retorica e catalogo di citazioni per esprimersi in modo efficace e incantare chi ascolta*, Orme Editori.

140. **Gruppo μ**, *Retorica generale. Le figure della comunicazione*, Bompiani.

141. **Guastini Riccardo**, *Il diritto come linguaggio. Lezioni*, Giappichelli.

142. **Guastini Riccardo – Comanducci Paolo**, *L'analisi del ragionamento giuridico*, Giappichelli.

143. **Hacking Ian**, *L'emergenza della probabilità*, Il Saggiatore.

144. **Heidegger Martin**, *Logica. Il problema della verità*, Mursia.

145. **Heidegger Martin**, *Logica e linguaggio*, Christian Martinotti Edizioni.

146. **Heinrichs Jay**, *L'arte di avere sempre l'ultima parola. Da Aristotele a Homer Simpson, tutti i segreti della persuasione*, Kowalski.

147. **Holzheu Harry**, *Parlare in pubblico ed essere convincenti*, Tea.

148. **Horwich Paul**, *Verità*, Laterza.

149. **Iacona Andrea**, *L'argomentazione*, Einaudi.

150. **Irti Natalino** (a cura di), *La polemica sui concetti giuridici*, Giuffrè.

151. **Italia Vittorio**, *Il ragionamento giuridico*, Giuffrè.

152. **Johnson-Laird P.N. – Wason P.C.**, *Psicologia del ragionamento*, Giunti Editore.

153. **Kant Immanuel**, *Che cosa significa orientarsi nel pensiero*, Adelphi

154. **Kant Immanuel – Constant Benjamin**, *Il diritto di mentire*, Passigli.

155. **Kalinowski Georges,** *Introduzione alla logica giuridica,* Giuffrè.

156. **Kalinowski Georges,** *Logica del diritto (lineamenti generali),* in Enc. Dir., XXV, *ad vocem,* pag. 7 e ss., Giuffrè.

157. **Kosko Bart,** *Il fuzzy-pensiero, Teoria e applicazioni della logica fuzzy,* Baldini Castoldi Dalai.

158. **Kozicki Stephen,** *Saper convincere, negoziare, comunicare. La negoziazione nei gruppi,* Vecchi Editore.

159. **La Torre Massimo,** *Il giudice, l'avvocato e il concetto di diritto,* Rubbettino.

160. **Lausberg Heinrich,** *Elementi di retorica,* Il Mulino.

161. **Lehrer Jonah,** *Come decidiamo,* Codice Edizioni

162. **Livi Antonio,** *Il principio di coerenza,* Armando.

163. **Lo Cascio Vincenzo,** *Grammatica dell'argomentare. Strategie e strutture (Biblioteca di italiano e oltre),* Nuova Italia.

164. **Lucchetta Giulio,** *Scienza e retorica in Aristotele. Sulle radici omeriche delle metafore aristoteliche,* Il Mulino.

165. **Magro Gerardo,** *La comunicazione efficace. Come comunicare con gli altri senza suscitare un vespaio,* Franco Angeli.

166. **Majello Carlo,** *L'arte di comunicare,* Franco Angeli.

167. **Manzin Maurizio,** *Interpretazione giuridica e retorica forense. Il problema della vaghezza del linguaggio nella ricerca della verità processuale,* Giuffrè.

168. **Marcato Paolo,** *Il gioco retorico. La tecnica oratoria in sei mosse,* La Meridiana.

169. **Mariani Marini Alarico - Paganelli Maurizio,** *L'avvocato e il processo. Le tecniche della difesa,* Giuffrè.

170. **Mariani Marini Alarico,** *L'avvocato e la parola. Come scrivere, quanto scrivere,* in La

previdenza forense, n. 2/2010, pag. 109 e ss., Il Sole 24 Ore.

171. **Mariani Marini Alarico**, *La lingua, la legge, la professione forense*, Giuffrè.

172. **Mariani Marini Alarico**, *Teoria e tecnica dell'argomentazione giuridica*, Giuffrè.

173. **Marinelli Vincenzo**, *Il dilemma, Contributo alla logica giuridica*, Giuffrè.

174. **Martin Steve J. - Cialdini Robert B. - Goldstein Noah J.**, *Cinquanta segreti della scienza della persuasione*, TEA Editore.

175. **Mattioli Emilio**, *Studi di poetica e retorica*, Mucchi.

176. **Mazzarese Tecla**, *Logica deontica e linguaggio giuridico*, Cedam.

177. **Mazzoni Giuliana**, *Si può credere a un testimone? La testimonianza e le trappole della memoria*, Il Mulino.

178. **Mccormick Neil**, *Ragionamento giuridico e teoria del diritto*, Giappichelli.

179. **Mercurio Maurizio**, *Strategie di comunicazione. Il vantaggio della differenza*, Scuola di Palo Alto.

180. **Meyer Michel**, *La retorica*, Il Mulino.

181. **Michael Clark**, *I paradossi dalla A alla Z*, Cortina Raffaello.

182. **Michelstaedter Carlo**, *La persuasione e la rettorica,* Adelphi.

183. **Mill Stewart John**, *Sistemi di logica deduttiva e induttiva*, UTET.

184. **Mittica M. Paola**, *Raccontando il possibile. Eschilo e le narrazioni giuridiche*, Giuffrè.

185. **Montaleone Carlo**, *Homo loquens. Persone, contesti, credenze*, Raffaello Cortina.

186. **Montecucco Luisa - Castellani Francesca**, *Normatività logica e ragionamento di senso comune*, Il Mulino.

187. **Mortara Garavelli Bice**, *Le parole e la giustizia. Divagazioni grammaticali e retoriche su testi giuridici italiani*, Einaudi.

188. **Motterlini Matteo,** *Trappole mentali. Come difendersi dalle proprie illusioni e dagli inganni altrui,* Rizzoli.

189. **Mura Alberto,** *Dal noto all'ignoto. Causalità e induzione nel pensiero di David Hume,* Ets.

190. **Mura Alberto,** *La sfida scettica. Saggio sul problema logico dell'induzione,* Ets.

191. **Nash John,** *John Nash - La teoria dei giochi,* in *Beautiful minds - I grandi scienziati raccontano la storia della scienza,* DVD n. 17, Gruppo Editoriale L'Espresso spa.

192. **Odifreddi Piergiorgio,** *Gödel e Turing - La nascita del computer e la società dell'informazione,* in *Beautiful minds - I grandi scienziati raccontano la storia della scienza,* DVD n. 15, Gruppo Editoriale L'Espresso spa.

193. **Odifreddi Piergiorgio,** *Il diavolo in cattedra. La logica da Aristotele a Gödel,* Einaudi.

194. **Odifreddi Piergiorgio,** *Le menzogne di Ulisse. L'avventura della logica da Parmenide ad Amartya Sen,* Longanesi.

195. **Olbrechts-Tideca Lucie - Perelman Chaïm,** *Trattato dell'argomentazione. La nuova retorica,* Einaudi.

196. **Ost François - Van de Kerchove Michel,** *Il diritto ovvero i paradossi del gioco,* Giuffrè.

197. **Packard Vance,** *I persuasori occulti,* Reprints Einaudi.

198. **Palladino Dario - Palladino Claudia,** *Breve dizionario di logica,* Carocci.

199. **Palma Antonio,** *Giustizia e senso comune,* Giappichelli.

200. **Paresce Enrico,** *Interpretazione (filosofia),* in Enc. Dir., XXII, *ad vocem,* pag. 152 e ss., Giuffrè.

201. **Paret Marco - Traverso Matt,** *I pilastri della persuasione. Vendere, convincere, affascinare,* Anteprima Edizioni.

202. **Paret Marco - Traverso Matt,** *Potere,*

*influenza, persuasione. Vendere le proprie idee e far accadere le cose*, Etas.

203. **Parmenide**, *I Frammenti*, Marcos y Marcos.

204. **Parodi Gianpaolo**, *Tecnica, ragione e logica nella giurisprudenza amministrativa*, Giuffrè.

205. **Paulhan Jean**, *Il segreto delle parole*, Alinea.

206. **Peirce Charles S.**, *Le leggi dell'ipotesi*, Bompiani.

207. **Pera Marcello - Shea William R.**, *L'arte della persuasione scientifica*, Guerini.

208. **Pera Marcello**, *Scienza e retorica*, Laterza.

209. **Perelman Chaïm**, *Il dominio retorico. Retorica e argomentazione*, Einaudi.

210. **Perelman Chaïm**, *Logica giuridica nuova retorica*, Giuffrè.

211. **Perelman Chaïm - Olbrechts-Tideca Lucie**, *Trattato dell'argomentazione. La nuova retorica*, Einaudi.

212. **Peruzzi Alberto**, *Definizione*, La Nuova Italia.

213. **Pescatore Matteo**, *Logica del diritto*, Unione Tipografico-Editrice.

214. **Petrucciani Stefano**, *Etica dell'argomentazione. Ragione, scienza e prassi nel pensiero di Karl Otto Apel*, Marietti.

215. **Pezzin Claudio**, *La metafora nell'argomentazione retorico-giuridica*, Cierre Edizioni.

216. **Piaget Jean**, *Logica e psicologia*, La Nuova Italia.

217. **Piana Giovanni**, *Interpretazione del «Tractatus» di Wittgenstein*, Guerini e Associati.

218. **Piattelli Palmarini Massimo**, *L'arte di persuadere. Come impararla, come esercitarla, come difendersene*, Mondadori.

219. **Piattelli Palmarini Massimo**, *L'illusione di sapere. Che cosa si nasconde dietro i nostri errori*, Mondadori.

220. **Piazza Francesca**, *Linguaggio, persuasione e verità. La retorica del Novecento*, Carocci.

221. **Pizzo Alessandro,** *Viaggio al centro della logica,* Aracne.
222. **Platone,** *Fedro,* BUR Biblioteca Univ. Rizzoli.
223. **Platone,** *Gorgia,* Laterza.
224. **Platone,** *Sofista,* Einaudi.
225. **Platone,** *Teeteto,* Laterza.
226. **Plebe Armando,** *Breve storia della retorica antica,* Laterza.
227. **Plebe Armando,** *Manuale di retorica,* Laterza.
228. **Plutarco,** *Come trarre vantaggio dai nemici,* Mondadori.
229. **Plutarco,** *Per un parlare efficace,* Mondadori.
230. **Popper Karl R.,** *Congetture e confutazioni. Lo sviluppo della conoscenza scientifica,* Il Mulino.
231. **Popper Karl R.,** *Il mondo di Parmenide. Alla scoperta della filosofia presocratica,* Piemme.
232. **Popper Karl R.,** *La ricerca non ha fine. Autobiografia intellettuale,* Armando Editore.
233. **Preti Giulio,** *Retorica e logica. Le due culture,* Einaudi.
234. **Prezzolini Giuseppe,** *L'arte di persuadere,* Liguori.
235. **Pugliatti Salvatore,** *Conoscenza,* in Enc. Dir., IX, *ad vocem,* pag. 45 e ss., Giuffrè.
236. **Pugliatti Salvatore,** *Finzione,* in Enc. Dir., XVII, *ad vocem,* pag. 658 e ss., Giuffrè.
237. **Quadrino Silvana - Bert Giorgio,** *L'arte di comunicare,* CUEN.
238. **Quintiliano Marco Fabio,** *Istituzione oratoria,* Mondadori.
239. **Raimondi Ezio,** *La Retorica D'Oggi,* Il Mulino.
240. **Raimondi Ezio - Battistini Andrea,** *Le figure della retorica. Una storia letteraria italiana,* Einaudi.
241. **Rampin Matteo,** *Al gusto di cioccolato. Come smascherare i trucchi della manipolazione linguistica,* Ponte alle Grazie.
242. **Re Stefano - Ait Lorenzo,** *Mindfucking 2 -*

*Nuove istruzioni per fottere la mente*, Castelvecchi.

243. **Reboul Olivier,** *Introduzione alla retorica*, Il Mulino.

244. **Reboul Olivier,** *La retorica*, Il Castoro.

245. **Residori Matteo - Ellero Maria Pia,** *Breve manuale di retorica*, Sansoni Editore.

246. **Rigotti Francesca,** *La verità retorica. Etica, conoscenza e persuasione*, Feltrinelli.

247. **Rorty Richard - Engel Pascal,** *A cosa serve la verità?*, Il Mulino.

248. **Ruggieri Francesca,** *Argomentazione e processo*, Giuffrè.

249. **Rumiati Rino,** *Decidere*, Il Mulino.

250. **Russell Bertrand,** *Linguaggio e realtà*, Laterza.

251. **Sacchetto Mauro,** *Dialettica*, La Nuova Italia.

252. **Sagnotti Simona C.,** *Forme e momenti del ragionare nel diritto*, Giappichelli.

253. **Sagnotti Simona C.,** *Retorica e logica. Aristotele, Cicerone, Quintiliano, Vico*, Giappichelli.

254. **Satta Salvatore,** *Il mistero del processo*, Adelphi.

255. **Scarselli Giuliano,** *Ordinamento giudiziario e forense*, Giuffrè.

256. **Serra Barbara - Bencivelli Silvia,** *Cervello - Tecniche di persuasione*, in Rai.tv Scienze del 29/08/2011 (http://www.youtube.com/watch?v=9lU8gAyppsw&feature=player_embedded)

257. **Shea William R. - Pera Marcello,** *L'arte della persuasione scientifica*, Guerini.

258. **Schirollo Livio,** *Dialettica*, Editori Riuniti.

259. **Schopenhauer Arthur,** *L'arte di insultare*, Adelphi.

260. **Schopenhauer Arthur,** *L'arte di ottenere ragione*, Arnoldo Mondadori Editore.

261. **Siegfried Tom,** *È la matematica, bellezza! - John Nash e la teoria dei giochi*, Bollati Boringhieri.

262. **Skyrms Brian,** *Introduzione alla logica induttiva,* Il Mulino.

263. **Soboczynski Adam,** *L'arte di non dire la verità,* Feltrinelli.

264. **Stengel Richard,** *Manuale del leccaculo. Teoria e storia di un'arte sottile,* Fazi.

265. **Tarello Giovanni,** *L'interpretazione della legge,* Giuffrè.

266. **Taruffo Michele,** *La semplice verità. Il giudice e la costruzione dei fatti,* Editori Laterza.

267. **Toulmin Stephen E.,** *Gli usi dell'argomentazione,* Rosenberg & Sellier.

268. **Toussaint Dinouart Antoine,** *L'arte di tacere,* Sellerio editore Palermo.

269. **Testa Annamaria,** *Farsi capire. Comunicare con efficacia e creatività nel lavoro e nella vita,* Rizzoli.

270. **Testi Claudio A. - Berselli Luigi,** *Dimostrazione e induzione in Tommaso d'Aquino,* Tipografia Commerciale.

271. **Traversi Alessandro,** *La difesa penale. Tecniche argomentative e oratorie,* Giuffrè.

272. **Traverso Matt - Paret Marco,** *I pilastri della persuasione. Vendere, convincere, affascinare,* Anteprima Edizioni.

273. **Traverso Matt - Paret Marco,** *Potere, influenza, persuasione. Vendere le proprie idee e far accadere le cose,* Etas.

274. **Tuzet Giovanni,** *La prima inferenza. L'abduzione di C. S. Peirce fra scienza e diritto,* Giappichelli.

275. **Usberti Gabriele,** *Logica, verità e paradosso,* Feltrinelli Bocca.

276. **Van de Kerchove Michel - Ost François,** *Il diritto ovvero i paradossi del gioco,* Giuffrè.

277. **Van Orman Quine Willard,** *Da un punto di vista logico. Saggi logico-filosofici,* Raffaello Cortina.

278. **Venuti Massimo,** *La retorica del logos,*

Spirali.

279. **Verda Damiano,** *Dire e contraddire: diversi modi per esplorare,* Armando.

280. **Veronesi Massimiliano,** *Logica Fuzzy: teoria ed applicazioni,* Franco Angeli.

281. **Vickers Brian,** *Storia della retorica,* Il Mulino.

282. **Vidali Paolo - Boniolo Giovanni,** *Strumenti per ragionare,* Mondadori Bruno.

283. **Visconti Giancarlo,** *Comunicare bene. Una chiave per il successo,* Franco Angeli.

284. **Volpe Francesco,** *Norme di relazione, norme d'azione e sistema italiano di giustizia amministrativa,* Cedam.

285. **Wason P.C. - Johnson-Laird P.N.,** *Psicologia del ragionamento,* Giunti Editore.

286. **Wittgenstein Ludwig,** *Tractatus logico-philosophicus,* Einaudi.

# # #

Per maggiori dettagli sui testi qui citati, consulta la mia biblioteca su anobii (http://www.anobii.com/avvocatorudi/books), al tag /etichetta "retorica"

# # #

Per contattare l'Autore, scrivi a:
ebook@studiolegalerudi.it

www.ingramcontent.com/pod-product-compliance
Lightning Source LLC
Chambersburg PA
CBHW060042210326
41520CB00009B/1232